八条古道游中国
给孩子的人文地理课

边塞古道：雪山连大漠

图书在版编目（CIP）数据

边塞古道：雪山连大漠 / 耿朔著 . -- 武汉：长江少年儿童出版社，2022.10
（八条古道游中国·给孩子的人文地理课）
ISBN 978-7-5721-2436-5

Ⅰ . ①边… Ⅱ . ①耿… Ⅲ . ①古道—人文地理—中国—少儿读物 Ⅳ . ① K928.78-49

中国版本图书馆 CIP 数据核字 (2022) 第 091713 号
地图审图号：GS（2022）3984 号

八条古道游中国·给孩子的人文地理课
边塞古道：雪山连大漠
BIANSAI GUDAO: XUESHAN LIAN DAMO

出 品 人：何龙	封面设计：陈奇	业务电话：027-87679174
总 策 划：姚磊	责任印制：邱刚	网　　址：http://www.cjcpg.com
责任编辑：邹永强	实习编辑：林育宇　韩自	承 印 厂：武汉新鸿业印务有限公司
美术编辑：刘嘉鹏	图书音频	经　　销：新华书店湖北发行所
责任校对：邓晓素	出 品 人：李鸿谷	开　　本：16 开
内文插画：卞婉露　朱悦	总 编 辑：贾冬婷	印　　张：12.5
内文地图：林欣霞	制 作 人：俞力莎	印　　次：2022 年 10 月第 1 版，2022 年 10 月第 1 次印刷
地图审核：张丹茜	音频编辑：霓子	书　　号：ISBN 978-7-5721-2436-5
版式设计：一壹文化传媒	流程编辑：赵翠	定　　价：52.00 元

如有印装质量问题，请向承印厂调换。

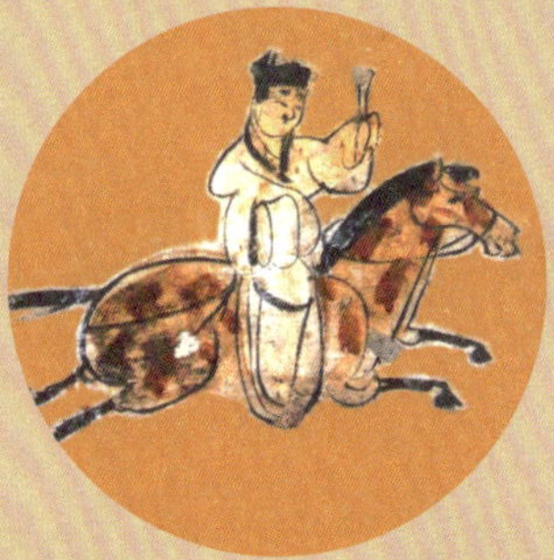

目录

上篇　古道通西域——河西走廊 / 002

"河西走廊"在何处？ / 005

雪山、大河与绿洲 / 008

四大帝国交通干线 / 012

古道传奇　少年皇帝与博望侯张骞的西域奇遇 / 017

◆ **金城兰州　咽喉要地** / 023

两处天险入河西 / 030

◆ **凉州武威　河西首镇** / 035

何处是凉州？ / 037

《凉州词》与"旗亭画壁"的故事 / 038

铜奔马与"凉州军"的故事 / 041

鸠摩罗什与鸠摩罗什寺 / 044

大云寺与传奇西夏碑 / 047

古道传奇 中国石窟鼻祖天梯山和高僧昙曜的故事 / 049

石窟鼻祖出凉州 / 049

昙曜：从凉州到云冈 / 055

◆ 甘州张掖　塞上江南 / 057

山丹军马场 / 058

丝路之心 / 061

西夏皇家寺，三绝冠神州 / 063

沧桑黑水国 / 067

◆ 肃州酒泉　军事要塞 / 071

嘉峪关：天下第一雄关 / 074

果园—新城墓群与"驿使图"画像砖 / 079

老玉门与新玉门 / 081

瓜州锁阳城：玄奘西行地 / 084

瓜州悬泉置：丝路上的花结 / 088

古道传奇 壁画佛国榆林窟 / 092

　　河畔悬崖上的千年石窟 / 093

　　到壁画里寻找孙大圣 / 095

◆ 沙州敦煌　西域门户 / 097

为何春风不度玉门关？/ 100

莫高窟，不是终点 / 105

下篇　古道走边疆——茶马古道 / 112

马肥茶香走滇藏 / 115

◆ **普洱 滇南茶香** / 121

　　普洱茶　大叶种 / 122

　　古今普洱大不同 / 125

　　小镇那柯里 / 127

　　无量山下清凉街 / 128

　　鲁史古镇与大旅行家徐霞客的故事 / 129

　　南诏故地巍山城 / 132

　　古道传奇　云南驿与"驼峰航线"传奇 / 136

　　　彩云升起的地方 / 136

　　　驼峰航线的故事 / 137

◆ **大理　依山枕海** / 141

　　苍山洱海一古城 / 143

风花雪月　大理四绝 / 148

大理的交通网络 / 151

下关是个什么关？ / 153

古道传奇　南诏古国与大理遗迹 / 157

　　南诏的兴起 / 157

　　太和城与"南诏德化碑" / 158

　　羊苴咩城与"两塔一碑" / 159

　　大理古城 / 162

世外桃源喜洲镇 / 164

大理北大门——剑川 / 167

古意犹存的沙溪小镇 / 169

◆ 丽江　雪山古城 / 175

雪山融水四方街 / 176

木府的故事 / 179

跨越金沙江　进入青藏高原 / 182

◇ 本书图片如无标注均为作者供图。

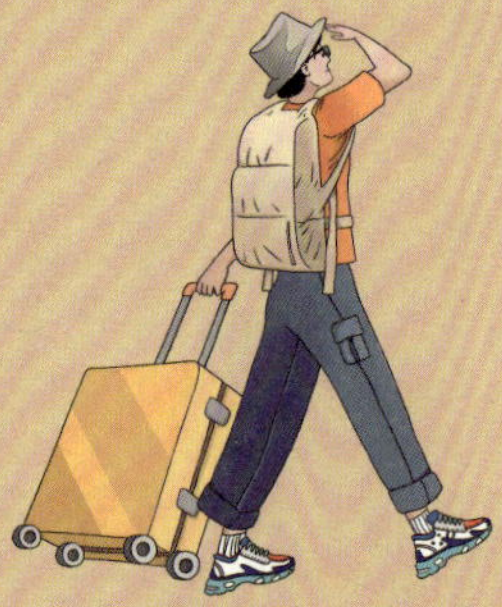

出发 ▶

上篇

古道通西域——河西走廊

河西走廊

[地图审图号：GS（2022）3984号]

边塞古道：雪山连大漠

亲爱的读者，说到"河西走廊"，相信你早有耳闻吧。你会不会和少年时的我一样，觉得那是一个遥远、神秘、引人遐思的地方，想起在课本上读过的许多荡气回肠、浪漫诗意的历史故事？

为什么"河西走廊"给人如此特别的感觉呢？首先我们要在地图上找到它的位置，看看它有什么样的区位特点和地域形态。

◆ "河西走廊"在何处？

"河西走廊"在哪里呢？"河西"这两个字便是答案，指的是黄河以西。

我们都知道，黄河与长江是孕育中华文明的两条大河。历史上很长一段时间里，先民们就把黄河称为"河水"，把长江称为"江水"。

由于我国地势整体西高东低，这两条大河自西向东流。但我们一看地图就知道，黄河、长江的流向不是直直的东西一线，而是很自然地随着具体地势蜿蜒。其中黄河在甘肃、宁夏一直到内蒙古巴彦淖尔地区，基本呈现西南—东北流向，形成了著名的黄河中游"几"字形大弯的一撇。所以对当地居民和过往旅客来说，跨越黄河的路线是东西向的，尤其是处于交通干线上的甘肃段黄河，人们把它以西的地区就称为"河西"。久而久之，河西这个原本一般性的称呼，就成为特指，与其类似的情况便是"江南"。

"走廊"，说的是地形，这是个很形象的比喻。"河西走廊"的地形就像我们常见的建筑走廊一样，又长又直。

在甘肃，自东向西过了黄河，就是一条基本呈东南—西北走向的天然通道，全长接近 1000 千米。具体来说，东起乌鞘岭，西至玉门关，全部位于甘肃省境内，它的南北两侧不是高山峻岭就是戈壁沙漠，都很难行走。因此，连通中原大地和广阔的西域、中亚地区，河西走廊就成了必然选择。

中国地势整体是西高东低，呈三大阶梯，落差很大，历史上南北向的通道相对多一些，而东西向好走的路就很少了，因为要跨越的地理屏障太多了。

比如，古代生活在巴蜀地区的人们想去东部，只能走艰险无比的三峡航道，因为四川盆地和长江中下游地区之间隔着大巴山、巫山等一系列大山，是中国第二、三级阶梯的分界线，只有长江在此冲出了一条水路。

河西走廊虽然也有危险，但至少从地形上来说，道路是平坦的。因此，河西走廊成了连接中原和西域的命脉，直到今天仍然如此。陇海—兰新铁路是贯穿我国东西的一条交通干线，东起江苏连云港，西至新疆的阿拉山口，河西走廊就是其中重要的一段。直至今日，承担亚洲和欧洲多国贸易往来的亚欧大陆桥也经过河西走廊。

　　河西走廊不仅是中国的东西大动脉，也是通往世界的国际交通线。

◎ 河西走廊方位图

◆ 雪山、大河与绿洲

走在河西走廊里，我们能看到什么样的自然景观呢？在踏上旅途之前，让我们飞到空中，先来个鸟瞰吧！

我们会看到两道基本平行的大山，北边一字排开的被称为甘肃北山或走廊北山，南边绵延不绝的是祁连山脉，它们相夹的这条长长的通道就是"河西走廊"。

北山并非特指某一座山，它是河西走廊北侧多条山脉的合称，在形态上显得比较破碎；这些山脉的海拔为1000—3600米，自东向西分别是龙首山、合黎山和马鬃山。

北山一线气候干燥，山体植被稀少，很多地方岩石裸露，看上去光秃秃的，十分荒凉。荒凉的地表下却蕴藏着丰富的矿藏，其中就有世界著名的巨型多金属共生硫化铜镍矿床——金川镍矿。北山还是地理分界线，它的南侧即河西走廊，而北侧是**内蒙古高原**的西部，那边沙漠广阔，有著名的腾格里沙漠和巴丹吉林沙漠。

内蒙古高原

内蒙古高原是蒙古高原的一部分，北连蒙古大戈壁，南临黄土高原和华北平原，东西承接欧亚大陆腹地与太平洋西岸。内蒙古高原一般海拔在1000—1200米，南边高北边低。其北部最低海拔在600米左右，古有"瀚海"之称。内蒙古高原是中国重要的牧场。

河西走廊南侧是高大的祁连山脉，由许多连绵的高山和谷地组成，不少山峰海拔在 4000 米以上，也就是雪线以上。我曾经在敦煌飞往西宁的飞机上俯瞰过这些雪山，景色非常壮丽。在积雪的山顶以下，山的南坡和北坡有一片片翠绿，有不少天然牧场，像给大山铺上了绿毯。春夏时节，祁连山顶的冰雪消融，雪水流下来，孕育出广袤富饶的草原，成为马匹繁衍、生长的理想场所。

祁连山也是中国地理第一级阶梯和第二级阶梯分界线的

◇ 甘肃张掖祁连山风光（视觉中国）

一段，山的南边就是"世界屋脊"青藏高原。

祁连山的融雪塑造了高山草原；当它们汇聚成河流，流到山下，还滋润出了河西走廊上的一个个绿洲。

河西走廊年降水量很低，大部分地区的地表都是戈壁、荒漠，但是从地质学上说，河西走廊属边缘凹陷地带，**第四纪沉积物**厚度达数百米至数千米，是良好的天然储水盆地。

> **第四纪沉积物**
> 地壳上不同时期的岩石和地层，按照形成过程中的时间（年龄）和顺序划分为不同的地质年代。

◇ 甘肃酒泉疏勒河畔秋色（刘帅冶 / 视觉中国）

其中时间表述单位包括宙、代、纪、世、期、时等。第四纪时间从258万年前至今。

第四纪沉积物是指第四纪时期因地质作用所沉积的物质。

第四纪沉积物中最常见的化石有哺乳动物、软体动物、有孔虫、介形虫及植物的孢粉。

河西走廊自东向西有三条大河：石羊河、黑河和疏勒河，都发源于祁连山；大体由南往北流，和河西走廊通道十字相交，河流流经的小盆地就形成了绿洲，建立了城市，成为河西走廊社会经济较为发达的地区：武威、民勤位于石羊河流域；张掖、

◎ 河西走廊地形图

酒泉位于黑河流域；敦煌、阿克塞、玉门、安西等位于疏勒河流域。也就是说，河西走廊大部分人口聚居区都是这样的小块绿洲，而城市与城市之间往往是大片的戈壁滩，非常荒凉。

流经河西走廊的这些河流，由于大量的渗透和蒸发，越往下游，水量越小，等穿过走廊北山到达沙漠地带后，会逐渐消失。这就是地理学上所称的内流河。

◆ 四大帝国交通干线

河西走廊的重要性，主要体现在它的通道作用上。它从属于更大的一个交通网络，这就是人人熟知的"丝绸之路"（Silk Road）。

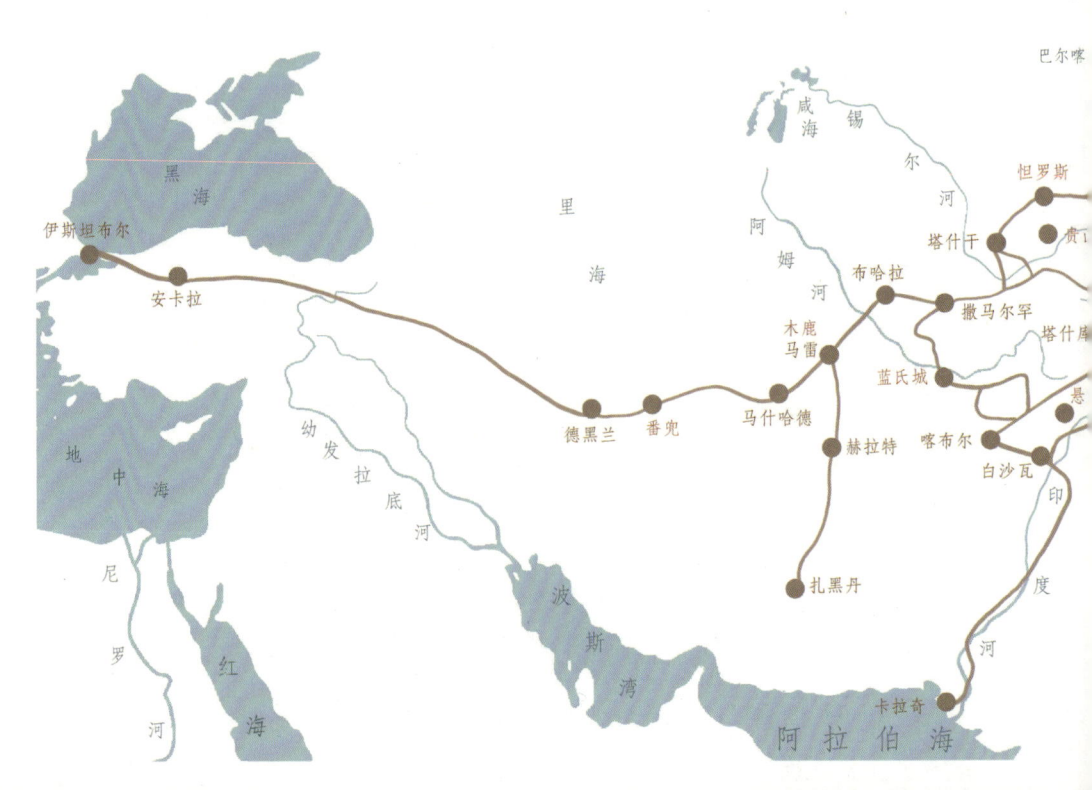

其实"丝绸之路"这个名称出现得很晚，出自19世纪末德国地质地理学家李希霍芬的《中国》一书。他把"从公元前114年至公元127年间，中国与中亚、中国与印度间以丝绸贸易为媒介的这条西域交通道路"命名为"丝绸之路"。此后又有欧洲学者主张将丝绸之路的西端移至地中海沿岸和小亚细亚地区，丝绸之路的名称逐渐被广泛使用。

小亚细亚在哪儿？

小亚细亚又称安纳托利亚，也就是如今土耳其亚洲部分，北临黑海，南滨地中海，西临爱琴海，东临伊朗高原。主要由安纳托利亚高原和土耳其西

◎ 丝绸之路

【地图审图号：GS（2022）3984号】

部低矮山地组成，面积为 75.58 万平方千米，主要农作物有小麦、玉米、甜菜、棉花、烟草等。

这一概念的内涵与外延也在不断扩大，且不说后来有了"海上丝绸之路"的说法，仅就陆上丝路而言，它也不是一条单一

◇ 新疆喀什：古丝绸之路驿站石头城（视觉中国）

道路，而是被视为道路网络，既有穿越戈壁沙漠的绿洲道，也有更靠北的草原道、更靠南的吐蕃道。以至于在今天，"丝绸之路"几乎成为描述古代东西方交流的代名词，物品、货币、宗教、艺术经由丝绸之路传播，而暴力、疾病则成为丝路交流不幸的副产品。

在汉朝疆域境内，丝绸之路是汉帝国（公元前206—公元220）的交通干线，河西走廊就是其中最主要的一段；而当它延伸出境后，又成为欧亚大陆国际交通网络的组成部分。在欧亚大陆上，与汉帝国几乎同时存在的还有中亚**贵霜**、西亚的**安息**、欧洲的**罗马**三个帝国，丝绸之路与它们都发生了联系。

贵霜王国，是曾存在于中亚的古代帝国（约公元1世纪—3世纪），由大月氏（dà yuè zhī）五翕侯之一贵霜翕侯部落建立。在其鼎盛时期疆域包括中亚、阿富汗和印度半岛西北部。贵霜王国被认为是当时欧亚四大强国之一，与汉朝、罗马、安息并列。

安息王国，西亚古国，公元前3世纪中期独立，开国君主为阿萨西斯一世。公元226年被波斯萨珊王朝代替。全盛时期的安息王国疆域包括整个伊朗高原及两河流域。

罗马帝国，存在于公元前27年—公元476年这一历史时期。是以地中海为中心，跨越欧、亚、非三大洲的大帝国。是世界古代史上国土面积最大的君主制国家之一。中国史书称为"大秦""拂菻"。

古道传奇

少年皇帝与博望侯张骞的西域奇遇

在敦煌莫高窟初唐时期的 323 窟中,有一组内容非常特别的壁画。画面共有三个场面,右上是汉武帝在甘泉宫里礼拜金质的佛像,下部是汉武帝送别张骞,皇帝骑马相送,即将奉命出使西域的张骞跪在马前做拜别状,而左上则是作为使节的张骞持旌节远赴中亚的大夏。

魏晋以后,随着佛教在中国的传播,佛教徒为了宣扬佛法,开始把张骞出使西域的目的描绘为迎取佛法。这一组壁画就是故事经过改编后的生动反映,但很能说明张骞出使西域事件的深远影响。前述李希霍芬把丝绸之路开通的年代定在公元前 114 年,这一年,正是张骞去世的时间。

实际上,在张骞出使之前,东西方的人员往来和经济文化交流早

◇《张骞辞武帝》 唐代绘画,323 窟,中国敦煌(视觉中国)

古道 传奇

已开始。考古发现表明，中原地区出土的史前和夏商周三代玉器几乎都属于软玉，而中原并没有这样的玉矿，它们大多应是来自新疆和田，也就是中国古籍所说的"昆山之玉"。有学者据此认为，在史前就存在一条从西域到中原的"玉石之路"。

但是，在张骞之前，东西方交往很大程度上是民间自发的。真正连接欧亚大陆的官方通道，是从汉武帝时期才开辟的，其作用和影响与此前的民间交往相比，不可同日而语。

公元前141年，汉武帝即位，时年16岁，是一位少年皇帝。在此之前，西汉已经存在了半个多世纪，一直有个严重的威胁没有解除，就是西

◇ 河西走廊明长城航拍（视觉中国）

古道 传奇

　　汉建国时北方即面临强大的游牧民族匈奴的威胁。汉匈之间长年发生战争，汉朝一直以守势为主，不仅包括都城长安在内的核心地区会受到威胁，而且和西方联系的通道也被匈奴人控制。

　　汉武帝即位后的第三年，得知居住在河西走廊一带的大月氏人被匈奴赶出故地，匈奴单于杀了大月氏王。经过长时期的休养生息，到了这时，西汉实力达到极盛，积极发展军事力量，汉武帝决定主动出击匈奴。

　　汉武帝对匈奴做了两方面的大事。

　　一是军事打击。他曾经派名将卫青、霍去病三次出击匈奴，特别

◇ 雪山脚下明长城（视觉中国）

古道 传奇

是少年英雄霍去病，那时候他还不到20岁，就直取匈奴非常看重的祁连山，使得匈奴人发出"失我祁连山，使我六畜不蕃息"的感叹，使汉朝打通了连接西域的要道——河西走廊。

击败匈奴后，汉朝加强了河西地区的管理，今天我们知道的甘肃几个重要城市，如武威、张掖、酒泉、敦煌，就是汉武帝当时设立的，它们统称为"河西四郡"。这样汉朝就直接连上了西域，周边的许多国

家看此情形纷纷降服，接受汉朝的管理，汉王朝的疆域面积大大扩展了。

二是外交行动。汉武帝将眼光投向了更远的世界，他决定派使者出使大月氏，说服他们联合起来对抗匈奴。这个重大的使命，武帝选择了时年25岁的张骞。在25年间，张骞不畏艰险，两次出使西域，步履远至中亚两河流域。张骞的外交工作取得了很大的成果，对于西域

◇ 河西走廊的明代长城和兵营遗址（视觉中国）

的地理、物产、交通、风俗习惯有了详细的了解，向汉武帝提供了详实可靠的考察报告，为汉朝开辟通往中亚的大通道提供了重要的情报信息，所以后人赞美他"凿空西域"。

　　如此漫长的历史，在河西走廊留下了许许多多的文化遗产。由于人口密度小，自然环境面貌改变不大，这些文化遗产都得到了很好的保存。如今，河西走廊是中国境内文物非常密集的一个带状区域，保存有大量的古城址、古关隘、古墓群、古寺院，还有最为著名的以莫高窟为代表的石窟群。行走其间，人们能感受丰富的自然地貌和多元的民族风情，听到许多久远的传说故事，河西走廊可以说是一条黄金旅行线。

　　我在2007年的夏天曾经从头到尾完整走过一次河西走廊，后来又去过其中的一些点。下面，我就将带着大家一起穿越河西走廊。那么这趟旅程的起点放在哪儿呢？我想放在兰州，让我们先去吃一碗牛肉面，吃饱了，好出发。

金城兰州
咽喉要地

◇ 兰州航拍
（视觉中国）

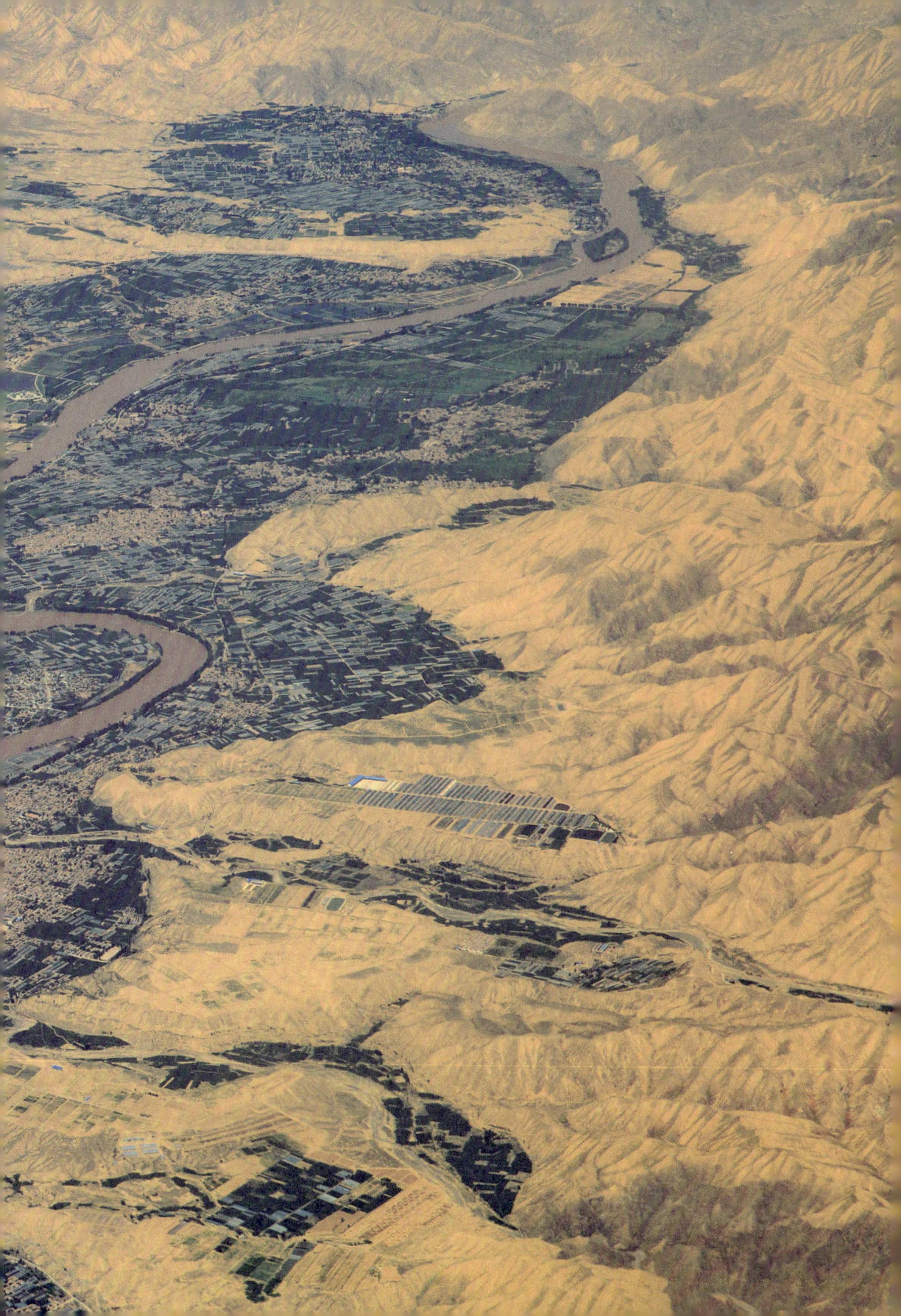

现在让我们正式踏上旅途。河西走廊的东端起点是乌鞘岭，不过我把起点放在了兰州，要更靠东一点，因为历史上的旅行者，在踏上河西走廊之前，一般都要在兰州这样的大城市进行准备。

说起兰州，声名远扬的兰州拉面大概每位朋友都不会陌生，就算没有去吃过，也一定在街头看到过。当然应该也有不少朋友去过兰州，在当地品尝过一碗拉面。我是在兰州才知道拉面根据粗细要分出那么多种类，而且当地不叫拉面，叫牛肉面。那么这个位于祖国内陆，盛产面食的兰州是个怎样的城市呢？

兰州古时候叫作"金城"，据说取的是"固若金汤"的意思，到了隋代开始叫"兰州"。兰州的历史上留下了许多著名历史人物的身影：汉代霍去病北击匈奴，唐代玄奘西天取经，元代马可·波罗来中国旅行，都从这里走过。

兰州的战略地位，在19世纪六七十年代左宗棠经营大西北，平定新疆叛乱，维护国家统一的军事行动中也有直接体现。军事行动要成功，后勤保障是至关重要的，甘肃是对新疆用兵的桥头堡。左宗棠担任陕甘总督期间，长期驻守兰州，以此为基地，进行了许多建设：为振兴文教，创建贡院；为发展交通整修驿道，筹划在黄河建桥；为发展民生产业，购买机器，建立工厂，制造武器。这一系列举措有力地推进了兰州的城市建设和经济文化发展，也为收复新疆做好了各种战略物资准备。

左宗棠还特别重视绿化环保，在西进收复新疆时，他深感西北气候干燥，了无生气，因此率领军队一路走，一路种下杨树、柳树。这些树可以巩固路基，防风固沙，也可供行人遮阴歇脚，被后人亲切地称为"左公柳"。今天在兰州和河西走廊上还能见到少量"左公柳"，它们树龄已达 140 岁了，这是早期西部大开发的生动历史见证。

即使到了今天，无论是从新疆、河西走廊还是从青藏高原来的公路铁路，进入内地都会经过兰州，它是几条大通道会聚的咽喉要地。

兰州城市本身的地理形势也很有特点，南北都是山脉，中间有黄河自西向东流过，成为唯一一个黄河流经市区的省会城市。兰州城区东西长、南北窄，南北最窄处只有 2 千米左右。

要看兰州城的全貌，最好的地点在黄河北岸的白塔山。我

◇ 中山桥和白塔山（邹永强／摄）

从黄河南边穿过有百年历史的黄河中山铁桥，这里的黄河宽度只有 200 多米，水流湍急，过去人们需要搭乘极富特点的羊皮筏子才能渡河。到达北岸后开始爬山，山上有寺院，因为山顶有一座藏式白塔，所以得名白塔寺，山也叫白塔山。当时我一口气爬到山顶，坐在那儿，可以很清楚地看到，整个城市是依着河流建起来的长条形的城区。这种河谷城市格局在西部具有代表性，青海的西宁也是这样。

◇ 马踏飞燕（邹永强/摄）

到兰州除了品尝当地的美食，欣赏壮美的风光以外，还一定要去甘肃省博物馆看一看。那里藏有大量在甘肃出土的古代文物，其中就包括著名的铜奔马，也就是为更多人所熟知的"马踏飞燕"；此外还有成组的车马俑仪仗队和大量的彩陶、金银器、唐三彩、元青花、佛教造像等文物，也从侧面印证了这条丝绸之路上的文化传播和商业的繁华。

◇ 雷台大墓出土铜车马仪仗俑群（邹永强 / 摄）

◆ 两处天险入河西

走出兰州，离开相对平坦的黄河流域，向西北行，海拔一路上升，沿途经过的都是荒漠和沙地，但翻过山岭后，随着海拔的降低，会发现地势逐渐开阔起来，眼前又出现了一片片绿地和草原。在这片绿洲上，有一个重要的关隘——乌鞘岭。

乌鞘岭一直都是丝绸之路上的重要关隘。因为它东面是黄土高原，南面是青藏高原，北则通向河西走廊，所以大家应该能理解，它为什么会被称为河西走廊的门户了，走到这里，也就正式踏上河西走廊的路途了。

乌鞘岭位于甘肃省天祝藏族自治县中部，属于祁连山的一条分支。跟青藏高原上其他高大连绵的群山比起来，乌鞘岭看起来有点微不足道，但是它的主峰海拔也在3500米以上，山上气候变化无常。环境极其恶劣。山上光秃秃的不长草，还时常白茫茫的一片雪，史籍中对此有"盛夏飞雪，寒气砭骨"的记述。

乌鞘岭是**季风区**和非季风区的地理界线之一，我们常说"春风不度玉门关"，也可以说东亚季风不过乌鞘岭。这里是天然的界山，它位于我国半干旱区与干旱区的分界线上，同时还在我国河流的内流区与外流区的分界线上，集各种分界线于一身，非常神奇。

这么关键的地理位置也决定了它的军事战略地位。作为戍边重地，乌鞘岭的战略地位在古代历来被统治者所重视。汉朝和明朝都在乌鞘岭上修筑过长城。现在乌鞘岭上还有汉长城的遗址；还有保存得比较好的兰州到武威段的明长城，这也是海拔最高的一段长城了。大家想想如此恶劣的条件下，当时修筑长城有多么不容易。

季风与季风区

大范围盛行，同时风向随季节有显著变化的风，就叫季风。季风区是指气候受季风影响的区域。中国是世界上季风较为显著的国家之一，冬、夏季风交替的季风区十分广阔。夏季盛行湿热的东南季风；而在

◇ 鸟瞰祁连山（视觉中国）

> 冬季盛行干冷的西北季风。人们把夏季风影响的最北界作为季风区与非季风区的分界线。

对于古人来说，乌鞘岭自然是艰险无比的高山，对现代人来说，翻越乌鞘岭也并不容易。乌鞘岭地区相对高差大，地质条件也复杂，不管修铁路还是修公路都是难题。

1952年我国开始修建从兰州出发，西去新疆乌鲁木齐的兰新铁路，这条路要穿过乌鞘岭。当时面对这个难题，苏联政府还提供了一定的技术援助，采用迂回的设计来降低坡度，使得这段铁路曲曲折折。

随着兰新铁路的开通，曾经难以翻越的乌鞘岭，早已可以轻松穿越了。顺着这条迂回的铁路，我们下一个要到达的地方是河西第一个大城市——武威。但是在武威之前，还要经过一个险要的关口，那就是古浪峡，这也是兰新铁路经过的地方，它位于距离天祝藏族自治县以北不远的古浪县境内。

古浪峡迂回曲折，全长约 30 千米，路窄谷深。到了这里，丝绸之路前拥后挤的大队人马与车辆，也只能按次序排队前进了。即便是今天，沿着 312 国道在古浪峡里开车行进时，峡谷两旁的山峰很有气势地左挤右挡，还是需要高度集中注意力。

◇ 乌鞘岭与明长城（视觉中国）

因此，古浪峡一带也就成了历代兵家必争之地。1936年11月中国工农红军西路军，在此和国民党军马步芳部进行了一场惨烈的血战。今天，我们可以到古浪县城参观西路军纪念馆和烈士陵园，缅怀英雄。

古浪峡的地理环境也很特别。丝路古道在入峡谷之前，还行走在青藏高原的延伸地带，而走出峡谷，就到了腾格里大沙漠的南部边缘，一派黄土高原的风光。清代人的一首诗中就说古浪峡"驿路通三辅，峡门控五凉"，它跟乌鞘岭一起构成了中原通向西域的咽喉。

出了古浪峡，经过黄羊镇、武南镇再到武威市，大概有60千米的路程。

凉州武威
河西首镇

◇ 武威城楼
（视觉中国）

自西汉以来，武威就是河西的首要重镇，在河西走廊具有领导地位。

武威城区往东，直线距离浩瀚的腾格里沙漠只有20多千米。武威本身是个典型的绿洲，造就这片天地的是发源于祁连山的石羊河水系。古人引来祁连山的冰川融雪水灌溉土地，辛勤垦殖，才有了如今武威的繁盛。

行走在武威，能不时看到人工渠——当地以灌溉农业为主要经济形态——这种景象让我想起在宁夏旅行的感受。但是即便如此，由于降水稀少，蒸发量大，武威本地水资源依然是比较紧张的。

武威的历史可以追溯到先秦时期，那时这里是西北少数民族聚居之地，而到了汉武帝一统天下的时代，霍去病在祁连山击败匈奴，将河西正式纳入西汉版图，进而打通丝路。"武威"这个名字就是当时为了彰显汉武帝的武功军威而定名的，可以说意味深长。汉代设十三州刺史，因为这一地区"地处西方，常寒凉也"，所以将武威归入凉州刺史部，武威从此就有了"凉州"这个名字，长期作为州治。

◆ 何处是凉州？

由于地理位置独特，武威同时吸纳着从长安传来的中原文化和从丝绸之路传来的西域文化。东西往来，武威成了国际性城市。在动乱分裂的十六国时期，前凉、后凉、南凉、北凉和西凉先后在这里建立过五个政权，武威也逐渐形成了具有自身特色的凉州文化，那就是多民族杂处，多元文化交融。

说到武威作为地方政权都城的开始，那就要说到前凉。这是西晋灭亡以后，北方出现的一个小政权，是由汉人张轨建立的。他本来是西晋的护羌校尉、凉州刺史。中原大乱后，有一些中原大族、百姓往江南和西北迁移。张轨治下的凉州，因为是汉人政权，就成为他们投奔的一个重要目的地。张轨也很注意延揽人才，发展生产，而且特别重视文教，凉州很快成为一方安定发展的小天地，出了不少人才，这也是中国历史上值得书写的一笔。

前凉、后凉、北凉三个政权都曾定都武威，当时也称姑臧。虽然这些政权统治的疆域不大，但把武威算作一个古都，大概也不为过。到了隋唐时期，武威依然是河西第一大城市，后来丝路衰落，不复当年之盛。即便这样，到了民国时代，武威也还是西北干线上城建和交通最发达的地方之一。

◆ 《凉州词》与"旗亭画壁"的故事

我们读古诗，有一类以《凉州词》命名的边塞诗，总是给人一种苍凉的、随时准备战斗的印象。大家应该很熟悉王翰的那首《凉州词》：

葡萄美酒夜光杯，欲饮琵琶马上催。
醉卧沙场君莫笑，古来征战几人回？

武威在唐代叫作凉州，属于陇右道。开元年间，当地官员陇右经略史郭知运将《凉州词》进献给皇帝，从而风靡一时。歌者、舞者、演奏者甚众，很多著名诗人为之创作歌辞。

　　唐代《集异记》记载了一段"旗亭画壁"的故事。

　　唐玄宗开元年间，诗人王昌龄、高适、王之涣齐名，三人常常一起出游。

　　有一天，天气寒冷，下着小雪，三个人来到旗亭酒楼饮酒，见到几个歌女上楼表演。当时诗风日盛，大家喜欢吟诗唱曲。三位诗人决定比试一把，看看这些歌女唱的歌中，谁的诗被谱曲演唱最多，谁就最优秀。每唱一首，就在墙上画一道。

　　开始的时候，歌女们演唱了王昌龄的《芙蓉楼送辛渐》《长信怨》和高适的《哭单父梁九少府》，他们两人就各在墙壁上画了两道和一道，非常得意。

　　王之涣自认为成名已久，心中不服，对他们说，刚才这些歌女都是不出名的普通歌手，唱的都是下里巴人，不敢去唱阳春白雪。他又指着一位气质高雅的歌女说，如果她也唱你们的诗，我就服你们；但如果她唱我的诗，你们就拜我为老师。结果，那个歌女一开口，唱出了"黄河远上白云间，一片孤城万仞山。羌笛何须怨杨柳，春风不度玉门关"，这正是王之涣所写的《凉州词》。

　　它给我们描绘了这样一幅画面：黄河好像从白云间奔流而来，在高耸的群山中耸立着一座孤城，那就是玉门关。何必用羌笛吹起那哀怨的《杨柳曲》，埋怨春光迟迟不来呢？其实春风根本吹不到玉门关外。

　　这首诗写出了守卫边塞的士兵们的思乡之情，悲壮苍凉。读完该诗，河西风物，跃然眼前。

　　汉唐之际，凉州是我国西北地区规模首屈一指的城市，也是古代中原与西域经济、文化交流的枢纽，"丝绸之路"东段的要隘，中外商人云集的都会，并一度成为北方佛教中心。

　　《凉州词》的流行和凉州当时的政治、经济和军事地位是相匹配的。

◆ 铜奔马与"凉州军"的故事

说到武威的历史文化遗存,大家首先能想到的可能是雷台汉墓。现藏于甘肃省博物馆的铜奔马,就是这儿出土的。从武威火车站一出来,就能看到站前广场上巨大的铜奔马雕塑。它已经成为这座古城的标志,也是中国旅游的标志。

雷台在武威城北,是一个大土台。之所以叫雷台,是因为上面有建于明代的祭祀雷神的雷祖殿。

1969年,当地农民在雷台东南角下发现了一座规模很大

◇ 雷台雷音观(视觉中国)

的砖室墓。后来经考古学家发掘，判定这是东汉晚期的一位军事长官和妻子的合葬墓。现在也有一些学者认为可能晚到魏晋。这座墓虽然被盗扰过了，但还是出土了相当数量的珍贵文物，其中最引人注目的就是铜奔马。

铜奔马最为人称道的是它构思和铸造的精巧性。艺术家巧妙地利用了力学支点，铸造了一个风驰电掣的千里马形象。而它出现在武威或许不是偶然。

丝绸之路开通后，汉地从大宛国引进了大宛马，也就是传说中的"汗血宝马"，汉武帝非常爱惜，赐名为"天马"。当时的武威就成了良马的交易、繁殖基地，出现了"凉州畜牧甲天下"这一说法。铜奔马就是最好的见证。

时至今日，畜牧业和灌溉农业仍然是河西走廊两种主要的

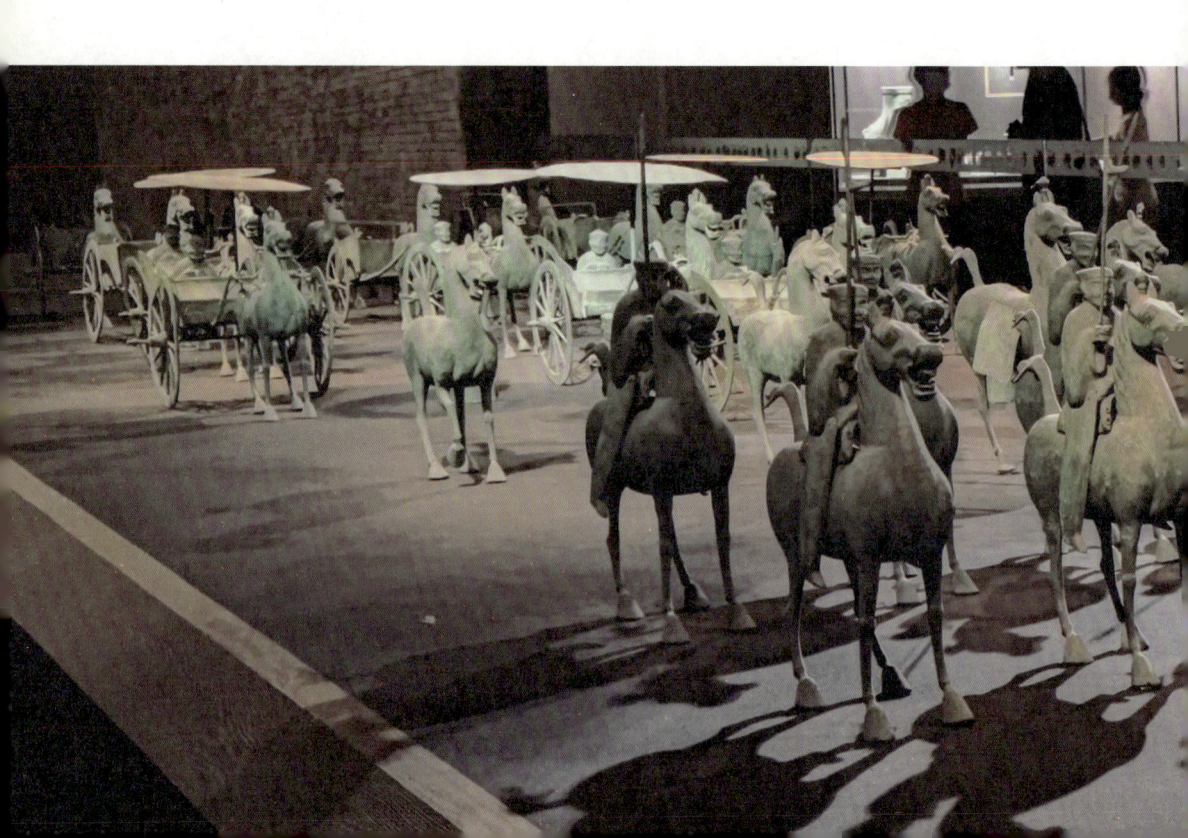

经济形态。

如果说，西汉建国到汉武帝时，西北地区主要面对的威胁是匈奴；到了东汉时期，汉朝西北的边患则主要来自于羌人。凉州因为地处河西要道，一旦西北起战火，这里便是前线。

长期的战争压力造就了能征善战的凉州男儿。汉魏时期"凉州军"天下闻名，这一特殊的军事集团曾在这一时期的历史舞台上纵横捭阖，其主要领导人物基本都是凉州籍，具有明显的地域特性。

一直到三国时期，"凉州军"都是重要的军事力量。董卓、李傕、郭汜、韩遂、马腾和马超父子都曾经是"凉州军"的统帅，尤其以骑兵著称。董卓率三千人马进入洛阳，却能与十倍

◇ 武威雷台汉墓车马阵（邹永强／摄）

于自己的力量相抗衡；马超曾在潼关一度将曹操逼入险境，更显示出凉州兵团的超强战斗力。

铜奔马的出现是这一段凉州历史的见证。同时，铜奔马也不是孤立的文物，它是当时发现的99件铜车马仪仗俑中的一件，这个军阵可以帮我们想象当年凉州军的威严。雷台大墓里的文物大多都存放到甘肃省博物馆了，大家在兰州时一定要去看看。

◆ 鸠摩罗什与鸠摩罗什寺

从汉代以来，佛教的东传是丝绸之路上的大事，也是对中国历史走向影响深远的大事。武威可以说是佛教东传进入汉地的一个重要基地，历史上众多从西域来的高僧大德就在此驻锡传法，我们在武威的老城区也能看到不止一座古寺，其中就有在佛教和文化史上有着极为重要地位的鸠摩罗什寺，这是很少见的以僧人名字命名的寺院。

鸠摩罗什是一位伟大的佛学家、翻译家，也可以说是世界级文化名人。

按照文献记载，鸠摩罗什的父亲来自一个祖上世代担任天竺国相的家族，可以肯定属于当时的文化精英阶层。他年轻时从天竺来到西域的龟兹国，娶了国王的妹妹，生下鸠摩罗什。传说中这个孩子自幼天资超凡，半岁会说话，三岁能识字，五岁开始博览群书，简直是个超级小天才。鸠摩罗什七岁时，随母亲一起出家,遍游西域各国,采众家所长,很快便能登坛讲经,成长为一代高僧,名气甚至传到了汉地。

鸠摩罗什回到龟兹后,遇上了人生的重大变故。公元382年,前秦皇帝苻坚派遣大将吕光进军西域,先攻下焉耆,接着进逼龟兹。这场战争不仅攻城略地,而且也抢夺人才,鸠摩罗什就这样被吕光带到了河西的凉州。这时正好赶上前秦亡国,吕光就借势占据凉州,建立了后凉政权。从此鸠摩罗什在武威一住便是17年,一面学习汉文,一面弘扬佛法,产生很大影响。

◇ 鸠摩罗什寺(视觉中国)

凉州也就成为中国北方佛教中心之一。

公元401年,鸠罗摩什被后秦皇帝接到长安,此后就在那里活动,直到圆寂。长安是当时传教译经的中心,鸠摩罗什在此生活的十余年间,主持译场,广收门徒,着手进行大规模的佛经翻译。据记载,他总共译出佛经74部,384卷,其中《大品般若经》《法华经》《维摩诘经》《阿弥陀经》《金刚经》等都在中国历史上产生了深远影响,梁启超称他为"译界第一流宗匠"。

西安南边鄠邑区的草堂寺,建有一座小石塔,是鸠摩罗什的舍利塔。武威这座鸠摩罗什寺也是为了纪念他在凉州传法的事迹而建。寺里也有一座佛塔,也被人们认为其中埋藏了鸠摩罗什的舍利。这座塔高30多米,非常醒目,是武威胜迹之一。

◇ (明)董其昌书《金刚经》

◇ 武威鸠摩罗什寺

◆ 大云寺与传奇西夏碑

除了鸠摩罗什寺，武威城内还有一座据传始建于前凉的寺庙，原名宏藏寺，唐代武则天天授元年（公元690年）改名为大云寺。寺内有座高耸的钟楼，里面有一口被认为是唐代铸造的大云铜钟。这口钟高2.5米，口径1.2米，重600余千克，是我国有名的古钟。

大云寺还出过一件宝贝，不过现在不在寺内，而要去武威西夏博物馆才能看到。这件宝贝是一块大石碑，现在是馆内最

◇ 武威大云寺

◇ 武威西夏碑

重要的文物，就立在进门的大厅正中央，高达 2.5 米，全名叫"重修护国寺感应塔碑"，一般简称为"西夏碑"。

大云寺在西夏时改名为护国寺。在 1092 年的大地震中，护国寺感应塔发生了倾斜，西夏皇帝和皇太后下诏重修佛塔，并在 1094 年树立起这块纪念碑。但此后这里长期被锁，不为人知，直到清嘉庆九年（1804 年），著名金石学家、武威人张澍先生游览大云寺时才发现了此碑，后移至武威文庙保存，此后又被西夏博物馆所藏。

这块碑的重要性在于刻了两种文字，正面是西夏文，背面是汉文。如果我们看这些西夏文字，第一反应是感觉似曾相识，再看却一字不知，这是为什么呢？

党项族首领李元昊在公开称帝前两年，为摆脱北宋王朝的控制和影响，亲自率人创制了本族文字。西夏建国后，这种文字便成为官方文字，这便是西夏文字的由来。

西夏文字还是以汉字为模式，也是典型的方块字，但也有自己的特点，如西夏字笔画在 4 画至 20 画之间，多在 10 画左右，不像汉字笔画差异大，所以看起来非常规整、均匀，富有秩序之美。

武威的西夏碑上有"天祐民安五年岁次甲戌十五日戊建"的落款，这是迄今所见保存最完整、内容最丰富的西夏碑刻。它上面的西夏文和汉文对照字数最多，是解读西夏文字和西夏历史的重要文献材料，这也可以说是这个地区文化交融的又一见证。

古道 传奇

中国石窟鼻祖天梯山和高僧昙曜的故事

石窟鼻祖出凉州

　　武威是一个多元文化交融的地方，西来的异域文化进入中国，率先落脚在这里，伴随佛教教义传入的还有佛教艺术。从西域向东沿着丝绸之路传播，进入汉地的第一站就是甘肃河西地区。我国内地佛教石窟的"鼻祖"——天梯山石窟，就在武威。

　　说到河西走廊的石窟，大家最熟悉的肯定是敦煌的石窟。但河西石窟群除了以莫高窟为代表的敦煌石窟群外，还有一批凉州石窟群，包括武威天梯山石窟以及张掖的马蹄寺石窟、文殊山石窟等。

◇ 马蹄寺石窟"三十三天"

古道 传奇

　　天梯山石窟位于武威城区以南的祁连山支脉之中，石羊河水系的黄羊河从石窟前流过，现已建成黄羊河水库。这处石窟在今天的旅游热度并不高，但它的历史意义非常特殊：首先，天梯山石窟的开凿时间早，是1600多年前的北凉开始建凿的；其次，也是更为重要的一点，天梯山石窟的建造模式对后来的莫高窟，以及中原地区的云冈石窟、龙门石窟产生了非常关键的影响。

　　天梯山石窟的开凿跟公元5世纪初北凉的统治者沮渠蒙逊有着密不可分的关系。在其统治时期，河西地区已经有了相当丰厚的佛教文

◇ 天梯山石窟（视觉中国）

天梯山石窟第四窟北凉胁侍菩萨壁画（甘肃省博物馆藏／邹永强摄）

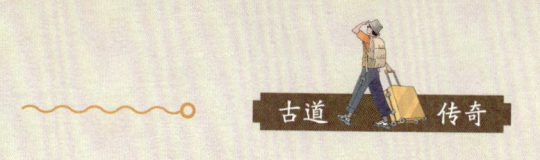

化土壤,当时武威集中了很多中土和西域的高僧。沮渠蒙逊本人也崇尚佛法,除了资助翻译佛经以外,还大量修建寺院。土木建筑的寺院必定不能永存,因此想要佛法久固的沮渠蒙逊选择了建造石窟,让佛教长久留存。而他选择建窟的地点就是城南不到百里的天梯山。

开凿石窟是一个非常浩大的工程。天梯山石窟是皇家工程,得以集中人力、财力和物力,成为河西走廊最早的大规模开窟造像。当时建造了一尊一丈六尺高的大佛石像,后世的文献中记载说当时的石窟"千变万化,惊人炫目"。可以推测最初的造像和洞窟数量应当都不少,

◇ 天梯山石窟佛像　甘肃省博物馆藏(视觉中国)

在后世也有不断的发展和修缮。

可惜的是，由于处在地震带上，天梯山石窟在后来的几次地震中受到了不同程度的损坏。1958年黄羊河水库修建，人们对里面的文物进行了大规模搬迁，许多佛像、壁画被搬到了甘肃省博物馆，现在遗存的只有19个洞窟。

记得我当时从武威出发，坐了一个多小时车去天梯山，只能看到外壁的一座巨大的唐代坐佛和边上几尊胁侍菩萨。

但比较幸运的是，天梯山石窟的余脉在后世的石窟中得以延续。或许沮渠蒙逊自己也没想到，他主持开凿的这个石窟，会影响到随后开凿的马蹄寺、文殊山等石窟，甚至作为一种"凉州模式"，影响中原地区的石窟修建。

这个影响是怎么形成的呢？主要还是因为人员的流动。

在开凿天梯山石窟的过程中，当地培养了一批能工巧匠。北魏太延五年（公元439年）夏天，北魏太武帝拓跋焘亲自率军，攻克北凉都城姑臧（今甘肃武威），统一中国北

◇ 天梯山石窟佛像

古道 传奇

◇ 云冈石窟昙曜五窟（视觉中国）

方。魏军将北凉部分百姓，以及姑臧城内的僧人、工匠三千人，迁移到新都平城（今山西大同）。此后，平城开始了新的石窟开凿，这些僧人、工匠成为云冈石窟开凿的重要技术力量。

昙曜：从凉州到云冈

云冈石窟开凿的总负责人昙曜就是凉州人。他正是在沮渠蒙逊治下凉州浓郁的佛教氛围中，逐渐成长为北凉境内最负盛名的僧人。

北魏灭北凉时，昙曜也在被迁之列。到达平城后，昙曜历经北魏太武、文成、献文、孝文四朝，深得皇帝知遇和礼敬。其中太武帝太平真君七年（公元446年）曾经发生了灭佛事件，太武帝下令诛沙门、焚寺院、毁佛像，给佛教发展以沉重打击。许多僧人还俗以免灾难降临。昙曜却本心坚固。文成帝即位后，北魏朝廷改变政策，允许百姓出家，重建被毁寺庙。文成帝还特意任命昙曜为沙门统，也就是管理

全国佛教的最高僧官。

在北魏复兴佛教的措施中，最为重大的一项工程是开凿云冈石窟，总体构想和设计方案就出自沙门统昙曜本人，共开凿了五个规模宏伟的大佛窟，象征着五位在世和已故的北魏皇帝，这便是被后世称为"昙曜五窟"的云冈第16—20窟。

为什么昙曜能够亲自领导设计建造石窟呢？这是因为在北凉时，他曾经全面参与了天梯山石窟的开凿，积累了不少开窟造像的经验，对建筑、雕刻、彩绘等多种技艺的结合也有自己的体悟。云冈石窟所在的大同西郊武州山，其地质构造与武威天梯山一样都是砂岩，也是从凉州来的工匠们十分熟悉的雕刻石料。根据学者们的研究，云冈石窟的龛窟形制、题材内容、造型装饰等方面，都与天梯山石窟存在传承关系。

随着北魏迁都洛阳，凉州模式又影响到后来新凿的龙门石窟。所以虽然我们今天没有办法目睹天梯山石窟的全貌，但还可以通过云冈和龙门石窟想象天梯山当年的样貌，感受一种艺术形式是如何跨越千山万水进行传播的。

◇ 昙曜塑像（视觉中国）

甘州张掖
塞上江南

现在，我们从武威出发，继续河西走廊的旅程。武威这个名字是为了彰显汉武帝的武功军威，而河西走廊上的许多事物都是汉代打下的基础，也有不少汉代的历史遗迹留存至今。下面我们将到达的山丹军马场，可以说很有代表性。

◆ 山丹军马场

汉代是一个相当重视马的王朝，这来自"落后就要挨打"的教训。西汉政权最初建立的时候，由于没有强大的骑兵，在与匈奴的战争中一直处于被动地位，不得不采用"和亲"的政策维护边境安宁，一个一个的大汉公主就这样远嫁匈奴。

为了彻底击垮匈奴，打通与西域的联系，拓展大汉的疆域，当时还是少年的汉武帝决心加强军队中骑兵的力量，也打造一支像匈奴那样强大的骑兵队伍，于是从遥远的大宛国引进了纯种良马，这就是被后人神化的"汗血宝马"。

良马的引进促成了与匈奴战争的最终胜利。西汉元狩二年（公元前121年），当时年龄未满20岁的骠骑将军霍去病带着骑兵，出陇西，过焉支山，直达祁连山西端，彻底击败了盘踞在此的匈奴各部。

把匈奴人赶出河西走廊后，汉朝便在这里设置了负责马政的马苑寺，并且在河西四郡分别设置了牧马场，目的就是培育良种战马，在征战时能够支援前线。其中有一片牧马场叫作汉阳大草滩，是因当时的汉阳，也就是今天的永固城而得名的。

现在叫作大马营草原，这上面就有我们今天要说的山丹马场。据说这个马场是霍去病在击败匈奴后下令建立的，从那之后就一直是饲养军马的国家马场。

　　山丹马场的位置在山丹县南部的祁连山下，地跨甘肃和青海两省，现在隶属于张掖市。因为有祁连山冰雪的孕育，这里的绿洲草原广袤富饶，是马匹繁衍、生长的理想场所。这里的马是以当地马为基础，引进了各种西域良马杂交培育出的，粗

◇ 山丹马场（视觉中国）

壮结实，雄健剽悍，速度和持久力俱优，满足了汉代骑兵驰骋沙场的需求，也支撑起了一个强大王朝的大国梦想。

山丹军牧马场历代都是国家直管的军马场。1949年9月，遵照毛主席"要完整无缺地把玉门油矿和山丹军牧场接收下来"的电示，中国人民解放军第一野战军接收大马营军牧场，接收军马近万匹。此后，山丹大马营军牧场归口兰州军区后勤部管理，属军队建制。

据资料记载，此后半个多世纪里，山丹军牧场三代牧马人，呕心沥血，以年最多存栏两万匹成品马的规模，输送全国各地军需民用，同时精心培育名牌"山丹马"，为中国新马种的培育繁殖做出巨大贡献。

我对山丹军牧场最初的印象，是来自影视作品，当代有不少影视作品曾经在此进行取景拍摄。大家还记得老版《西游记》电视剧里，孙悟空被玉帝招到天上当弼马温，有一幕天马奔腾的场景吧？当时看得我热血沸腾，后来知道那就是在山丹军牧场拍摄的。

从山丹军牧场出发，我们要去下一个目的地——张掖，路上会经过焉支山，这座山是祁连山的余脉，位于山丹和永昌两县的交界处，东西长约34千米，南北宽约20千米。虽然不是很大，但也是丝路上的要冲。焉支山在历史上很有名，当霍去病攻下河西后，匈奴唱出悲歌："失我焉支山，令我妇女无颜色！失我祁连山，使我六畜不蕃息！"这是因为焉支山盛产颜料，匈奴丢掉了焉支山，匈奴女人的化妆就成了难事。所以焉支山也被写成胭脂山。

◆ 丝路之心

到了张掖，眼前风景又是另一番景象了，曾有一句诗赞美张掖："不望祁连山顶雪，错将张掖认江南。"

大家应该还记得，张掖是汉武帝设置的河西四郡之一，据说取的是"断匈奴之臂，张中国之掖（腋）"的意思，距今也有两千多年的历史了。张掖在历史上还有一个别称——甘州。在西夏统治河西地区时，取甘州和肃州（今酒泉）的首字，设甘肃军司，这是历史上第一次出现甘肃之名。

到了张掖，河西走廊的行程就已经近半了。

每一个到西北旅行的人估计都听过"金张掖，银武威"的俗语。张掖一直是河西最重要的城市之一，如今也是河西最重要的商品粮生产基地和水果蔬菜产地。

张掖是河西走廊上最大的一片绿洲，位于南部的祁连山与北部的荒漠戈壁之间。河西地区最大的内流河，也是我国第二大内流河——黑河流经张掖全境，直达内蒙古居延海。

河流孕育出了特有的荒漠绿洲景象，也形成了密集的城市水道，绿洲之上植被茂盛，植物的蒸腾作用在近地表处形成冷湿气团，让张掖成了一个"冷湿岛"，气温比周边的沙漠戈壁低1℃至5℃。因此在张掖，你既能看到西北的塞上风情，又能感受到南国风韵，张掖城也就成了河西另一个重镇。

当年我是在夜里到达张掖，朋友开车到火车站接我。进到城里，开始时感觉街市平淡无奇，但突然眼前路口出现一个灯火辉煌，体量庞大的古建筑，一下子让我感受到了张掖的古意。这就是张掖的地标——鼓楼。它处于张掖城区东西南北四条大街的交汇处，就像西安的钟楼。

张掖鼓楼又称镇远楼、靖远楼。目前在河西走廊城市中还有三座鼓楼，靠东的是永昌鼓楼，靠西的是酒泉鼓楼，而最大的一座就是这张掖鼓楼了。楼的东南角悬挂一口唐代铜钟，因此该楼也可以称为钟鼓楼。

◇ 张掖鼓楼

这座楼始建于明正德年间，清初顺治年间毁于兵火，康熙年间重建。现在的样子是很标准的中国传统的高台建筑形式，平面呈方形，下面是砖砌的高台，四面开拱门，上面是三层木构的高楼，通高 28 米。

鼓楼每一面都有三个匾额，楼台的拱门上各有砖雕的匾额，而上面的高楼上两重房檐下各挂着木匾。我最感兴趣的是中间那一层。全国各地的鼓楼功能一样，外形也差不太多，而体现个性的地方就是匾额，匾额内容一般都会形容本地的地理位置，也能体现历史文化特点。

张掖鼓楼中间这一层是这么写的：东"金城春雨"，西"玉关晓月"，南"祁连望雪"，北"居延古牧"。金城自然是指兰州，玉关那就是玉门关，祁连则是祁连山，居延指的则是位于内蒙古的居延海。

这四个匾额一下子把张掖四通八达的交通枢纽地位体现出来了。

◆ 西夏皇家寺，三绝冠神州

认准了鼓楼就能基本掌握张掖老城的格局，目前城内的古迹大多集中在老城的西南区域。接下来我们就去看看位于这一块的大佛寺，这是张掖城区最为著名的古迹。如果说鼓楼是中华礼乐制度的象征，那么大佛寺就是张掖宗教文化的代表，也是民族融合的见证。

大佛寺是西夏时期修建的寺院。1028 年，西夏攻下张掖。西夏政权崇佛，大佛寺就是在这样的背景下修建的。

大佛寺是俗称，看这个名字大概就能猜到寺里有大佛。的确如此，大佛寺是一组坐东朝西的建筑群，寺内最中心的位置是两层楼阁样式的大佛殿。我初到大佛寺时，一进大殿就被镇住了，迎面就见到了长达 35 米的卧佛塑像。这座佛祖释迦牟尼的涅槃像，是我国最大的室内卧佛像。

佛像是木胎泥塑，金妆彩绘，面部贴金，头下枕着莲台，侧身而卧，双眼半睁半闭，嘴唇微微张开，身形饱满，神态安详，佛像耳朵约 4 米长，脚长 5.2 米，非常惊人，以至于站在

◇ 张掖大佛寺卧佛（视觉中国）

佛殿里的任何位置都无法看清卧佛的全貌。

　　佛身里面是空的，当初腹部里面有装藏，卧佛的身后塑造着十大弟子举哀群像，每尊有5.8米高；首尾处分别塑有7米高的大梵天、帝释天立像各一尊，加上两侧的十八罗汉造像，以及四周墙面和上层板壁的壁画，营造出一个精彩的佛国世界。

什么是"装藏"？

"装藏"是佛教造像特有的仪式。古人在塑造佛像时，先在佛像背后留一空洞，开光时，由住持高僧把经卷、珠宝、五谷及金属肺肝放入封上，称"装藏"。

　　大佛寺中还有一套宝贝，那就是明代早期司礼监印刷的《大明三藏圣教北藏》，是十分珍贵的佛教典籍文献。英宗皇帝朱祁镇遣使将一部共六千余卷的《北藏》颁赐给大佛寺，这批佛经花费了五年时间才被送抵张掖，现在它成了我国最完整的一部北藏经，堪称国宝。

什么是北藏？

《永乐北藏》是明朝永乐十九年（1421年）由明太宗敕命在北京雕造的《大藏经》，《大藏经》是佛家典籍的总汇。明正统五年（1440年）完成，是现存最完整的一部宫廷版藏经。《永乐北藏》在初刻本告成之后，藏在京城，一直作为官赐藏经；同时还由朝廷印刷，下赐各地寺院。

◇ 大佛寺北藏

我还想提一下古今地名的变化问题。

在河西走廊这几个地级市，武威、张掖、酒泉，我们能看到主城区分别叫凉州区、甘州区、肃州区，这也都是古地名，甘肃省名就是甘州和肃州的首字，但这几个区的名字是前些年才重新出现的。

2001年撤销武威地区，设立地级武威市，原县级武威市改名凉州区；2002年撤销张掖地区，设立地级张掖市，原县级张掖市改为甘州区；也是2002年，撤销酒泉地区，设立地级酒泉市，原县级酒泉市改名肃州区。

我当然理解行政区划调整中，这些地方意在展示古老的历史，用了老地名，但我们也要意识到，这实际上是把古地名的范围大大缩小了。这一现象在我国许多地方都存在，是需要我们有清醒认识的。

◆ 沧桑黑水国

离开张掖城，往西北方向走10多千米，就到了黑水国遗址。这名字听上去好像地盘比较大，其实只是两座小城，一南一北，相距2千米，每座城的边长只有200多米，面积都在5万多平方米。

通往遗址的路是碎石加沙子，那是我在西北地区见到的第一个古遗址。远远望见经历千百年风雨侵蚀而依然挺立的夯土

◇ 张掖黑水国遗址

城墙，心里说不出的激动与感慨。当时还看到很明显的城门以及角墩，高耸的角墩把人一下子带回金戈铁马的时代。

遗址内外都是沙，位于戈壁滩上，城墙有一部分也被沙掩盖，不太好走，鞋子里进了很多沙。我是七月去的，遗址里还长了一些耐旱的植物，换个季节那就更荒凉了。

既然有遗址，还建了城，过去肯定宜居。其实我们看这处遗址的名字"黑水国"，也就能想象当初应该是临水的地方。之前我说过流经张掖绿洲的重要河流是黑河，黑水国的黑水指的就是这条河，古代叫"弱水"。

◇ 张掖黑水国遗址

黑水国之所以称"国",是因为有人认为匈奴时代的小月氏国曾以此地为都,但支撑这一说法的历史记载不足,具体情况还说不清。刚才讲的两座小城,北城建于匈奴和汉代,南城可能始建于唐代,最晚到明代还在使用。但是,可以肯定这里是比张掖城区更早发展起来的区域性中心,这一点已经有考古证据了。

2010年以来,考古部门在黑水国遗址范围进行了考古发掘工作,发现了早期的冶金遗址和聚落遗址,还出土了大量的大麦、小麦遗存。这些重要的考古发现证明,黑水国最早距今

◇ 张掖黑水国遗址

4000年，早于丝绸之路，对于研究丝绸之路开辟之前的东西方交流有非常重要的意义。

　　从今天的地图上看，黑河从遗址的东边和北边流过，距离有七八千米。我不知道是否发生过河流的改道，但显然易见，当地在历史上曾发生过严重的沙化现象，大概可以说黑水国的兴衰，全部维系在这条黑河上。

◇ 张掖黑水国遗址

肃州酒泉
军事要塞

我们现在继续前行，去往河西下一个地级市——酒泉。两座城市之间开车距离是200千米，中间只经过两个县——临泽县和高台县。

地广人稀是我们在西北旅行最明显的感受。这一地区历史上变化较多，自然地理上，一些河流发生过改变；同时历史上政权纷争，也造成了大量显著的人口迁移。除了武威、张掖这种延续两千年未变的城市外，还存在若干历史上一度很重要但最终被废弃的城市。地方大，又干燥，这些被废弃的城址往往保存了基本的轮廓面貌，被遗忘在荒凉的沙漠戈壁上。今天的旅行者，面对这样杳无人迹的残垣断壁，大概最能产生怀古之幽情。

今天一说到酒泉，大家第一反应是不是酒泉卫星发射中心？它建于1958年，是我国创建最早，规模最大的综合型导弹、卫星发射中心，也是载人航天发射场。它长期以来以神秘面目示人，不过现在已经有条件地对外开放了，是很有特色的一个研学基地。

能发射火箭的地方，肯定要地广人稀、干燥少雨，酒泉发射中心就是这样的一处地方。它地处大漠戈壁深处，距离酒泉城区以北200千米，还占了内蒙古阿拉善盟的一点儿土地。

与此形成对比的是，酒泉这个名字传递出一种很滋润的感觉，还带有诗意。显然，酒泉城区所在也是一块绿洲，南边不远就是祁连山，雪水使得这块小盆地有了人类聚居的条件。

酒泉的历史很悠久，它也是汉武帝所设的河西四郡之一，是河西地区建立较早的一个城市。从建城起，一直到清代左宗棠平定新疆地区阿古柏叛乱，酒泉都是帝国边疆的军事要塞。

《汉书·地理志》中说酒泉郡"城下有泉，其水若酒，故曰酒泉"。李白也有一句诗说"地若不爱酒，地应无酒泉"，听着怎么都像与酒有关。而关于酒泉名称的由来，除了史书上记载的，更为人们所津津乐道、广为流传的还是霍去病注酒入泉的故事。

据说汉武帝时，少年将军霍去病率骑兵万余人一举收复整个河西。汉武帝派人从长安送来三坛御酒，以示犒赏。霍去病认为这是全军的功劳，应该犒赏所有的将士，无奈人多酒少，于是他将御酒倒在附近的泉水中，让将士们都品尝到了美酒的滋味，"酒泉"的历史就由此开始了。

这口被灌注了美酒的泉水当然无处去寻，但今天酒泉城里最主要的一座综合性公园里，有个池子被人们公认为霍去病倒酒的那个泉，公园就叫酒泉公园。我相信这里承载了酒泉几代人的记忆。

酒泉城里也有一座鼓楼，和张掖一样，它的老城区也是以鼓楼为中心，十字大街，方方正正，城区面积不大，街道狭窄相邻，步行就可以走遍大部分角落。酒泉鼓楼的形制和张掖的差不多，规模要小一些，但台基上建于清光绪年间的三层木楼，飞檐翘角，就像振翅欲飞的凤凰，倒是更有几分灵动之感。

鼓楼东西两边二楼高悬"声振华夷""气壮雄关"木匾各一块，显示出酒泉边关重镇的地位。台基的四向券门分别有额

◇ 酒泉鼓楼

题："北通沙漠""南望祁连""东迎华岳""西达伊吾"，伊吾指的是新疆哈密，可以看出，酒泉鼓楼的匾额所指涉的地理空间比张掖鼓楼的更为辽远。

◆ 嘉峪关：天下第一雄关

我们的河西走廊之行从兰州出发一路向西，现在到达河西走廊西端的重要关隘，这就是举世闻名的嘉峪关。敦煌以西的阳关、玉门关是汉唐时期帝国西境的边关重地，嘉峪关则是明长城的最西端，它的修建是明代初年国防政策调整的结果。

嘉峪关被誉为"天下第一雄关"，这绝非夸张。"嘉"是好的意思，"峪"是山口关隘的意思。嘉峪关是现存长城上最大的关隘，也是中国规模最大的关隘。

嘉峪关位于一个南北宽约 15 千米的峡谷中。这个峡谷是

◇ 嘉峪关
（视觉中国）

◇ 嘉峪关（视觉中国）

河西走廊南北山之间距离最狭窄的地方。关城依山傍水，平面呈梯形，城墙高近 12 米。关城东西各开有一座城门，分别叫作光化门和柔远门，都带有瓮城，而在关城之西还建有罗城，城门上便是高悬嘉峪关匾额的三层高的关楼。关城内外有游击将军府、文昌阁、关帝庙、营房等设施，城墙上有箭楼、敌楼、角楼等。

登上关城，能很清楚地看到向外延伸出的长城，一直通向白雪皑皑的祁连山脚下，构成了完整、严密的防御体系。登上此关，那种雄浑壮阔之感，扑面而来。

嘉峪关始建于明洪武五年（1372 年）。明朝的开国皇帝明太祖朱元璋把蒙古人赶出中原，但是对方依然有着强大的实力，成为新兴的明王朝的大患。这形势正如西汉时北方有个强大对手匈奴。明太祖修长城，目的就是在国家的北部构筑防线，虽然长城以外的地方也还是明王朝的疆域，也有城镇、堡垒，但实际上一旦打仗，长城以外的地方因为难守，往往很快就被放弃，主要军事力量就守卫在长城一线。

因此，嘉峪关就是明王朝的西北门户。明初在平定西北后，实际上并没有往新疆深处挺进，除了在新疆最东边的哈密地区设了哈密卫外，当时新疆大部分地区都由帖木儿汗国统治。明朝选择嘉峪关作为长城最西端，屯重兵于此，以扼守住河西咽喉。

现在大家知道为什么敦煌莫高窟艺术到元代以后就衰落了，根本原因就是帝国边疆最主要的一道防线由敦煌以西移到了敦煌以东，从此敦煌孤悬关外，实际上没人管了，渐渐就荒凉下去了。

嘉峪关附近还有两处很重要的长城遗迹。一个被称为"长城第一墩"，即讨赖河墩，位于嘉峪关以南7.5千米处，建于明嘉靖年间，它是明代万里长城从西向东的第一座墩台，矗立于讨赖河边近80米高的悬崖之上。另一个是关城西北8.5千米处的"悬壁长城"，也建于嘉靖年间。那里是黑山峡，长城就建在峭壁之上，如同悬挂在山崖上的直梯。

边关古道，很自然加重了古人的离愁别绪。20世纪30年代，著名记者范长江在《中国的西北角》里记述，他在嘉峪关游览时，

◇ 甘肃酒泉丝路古道（视觉中国）

  注意到关门洞中写满了古今中外游人的题诗。他很仔细地读了一遍，发现写得好的不多，而且十之八九情绪比较低落，很难见到气势雄壮者。当时还有"一出嘉峪关，两眼泪不干，往前看，戈壁滩，往后看，鬼门关"的诗句。

  他想起当年林则徐贬谪新疆路过嘉峪关时，曾写下一首胸襟豪壮的七律：

    严关百尺界天西，万里征人驻马蹄。
    飞阁遥连秦树直，缭垣斜压陇云低。

天山巉削摩肩立，瀚海苍茫入望迷。
谁道崤函千古险，回看只见一丸泥。

范长江说："好像出了嘉峪关就是生离与死别。不但俗人充满了保守家乡的思想，历代知识分子也多视离乡别井为畏途……我不知道老守在家里干什么！"

今天说嘉峪关，不仅指这座雄关，也是指嘉峪关市。嘉峪关很古老，而嘉峪关市很年轻，它是一座现代化的工业城市。

1955年，原西北地质局的地质小组在藏族同胞的提示和引导下，在祁连山发现了蕴藏量丰富的铁矿，也就是著名的镜铁山矿床，结束了西北无钢铁的历史。1958年国家"一五"计划重点项目"酒泉钢铁公司"落成。1965年设嘉峪关市，1971年经国务院批准为省辖市。酒泉钢铁（集团）公司是西北最大的钢铁联合企业，所以嘉峪关市又被称为"戈壁钢城"。我们看地图就知道，嘉峪关市距离酒泉市非常近，因为工业建市，虽然是甘肃面积最小、人口最少的地级市，但人均GDP却是第一。

◆ 果园—新城墓群与"驿使图"画像砖

酒泉市西北10多千米与嘉峪关市交界的戈壁滩中，有一处规模极大的古墓群，具体来说是位于酒泉市果园乡北和嘉峪关市新城乡西南这一大片区域，考古界称之为"果园—新城墓群"。

◇ 驿使图画像砖（邹永强／摄）

　　此处戈壁滩上分布有千余座大大小小的墓葬，地表大多可见隆起的沙砾堆积的封土，还有许多低矮的茔圈，围出一个个大小不一的院落，每个院落里面有若干墓葬，是家族墓地。

　　这片墓群出土的最有特色的文物也是彩绘画像砖，每块砖就像一个小画框，内容题材上既有神仙世界，也有世俗生活。

　　其中最广为人知的是新城5号墓前室的"驿使图"画像砖。这块砖长35厘米，宽17厘米。画像砖为米色底，上面用黑色轮廓线勾勒出一人一马。这匹马四蹄腾空，一看就是在飞驰，而马上之人头戴黑帻，左手持棨传文书，棨传是过关卡、驿站时的信物，所以学者认为这是当年驰骋在丝路之上信使形象的艺术化处理。更有趣的是，信使脸上五官唯独缺少嘴巴，有人分析这是意在表明昔日驿传的保密性。

◇ 果园—新城墓群部分画像砖（邹永强/摄）

这块砖现在藏在甘肃省博物馆，如果大家用过中国邮政储蓄银行的储蓄卡的话，应该记得卡面选用的就是这个图；另外，我国邮政还发行过以该图内容为题材的邮票。大家如果看过《国家宝藏》第二季的话，也可能记得甘肃省博物馆选的三件国宝中，就有这块砖。

◆ 老玉门与新玉门

像嘉峪关市这类的典型工业城市，嘉峪关往西还有一座，那就是玉门。这个玉门不是玉门关，而是酒泉市代管的县级玉门市，今天被人称为"老玉门"。

1939年，地质学家孙健初等人在玉门老城区老君庙打出了第一口油井,揭开了玉门油田开发的序幕,这口井被称为玉门油田老一井,现在可以参观,是个工业遗产。玉门由此成为中国第一座现代化的石油城,可以说是中国石油工业的摇篮,玉门培养了中国第一批采油炼油的技术人才,后来他们中的一批人走向全国,参与开发其他油田,其中就有大家熟知的大庆油田的铁人王进喜。

但是玉门油田由于产量有限,最辉煌时年产量也只有100多万吨,又地处偏远,远离工业区,远离西北交通干线。到了20世纪90年代,玉门的产油质量和数量都进入衰退期。最终,设在这里的石油管理局搬到了酒泉。油田的搬离使得玉门市的发展失去了唯一支柱,玉门市政府也不得不搬到80千米外的玉门镇,那里靠近干线公路和兰新铁路。而玉门老城区变成了

◇ 甘肃玉门昌马水库(视觉中国)

一个镇,地图上标为老君庙镇,发展自然大不如前。

其实,玉门的情况,也是我国众多资源型城市面临的一个普遍性问题,需要未雨绸缪,加快转型。

玉门新市区的选址很有讲究。

让我们打开地图,先搜索玉门新城区。新城区的正西,大片平地上面有密集的呈放射状的河道印迹,从南向北散开,既像银杏叶子,又像一把扇子。

再看这把"扇子",南边有山,能明显看到有一条河从扇柄位置的山间峡口流出,往南一点还有个水库。

这条河位于河西走廊内流河——疏勒河上游,叫作昌马河。它的干流发源于祁连山脉西段,由南向北由昌马峡口流出,一下子进到平地。

在干旱的河西地区,河流多是季节性的;春夏季水量大,往往会形成洪水。

当昌马河冲出昌马峡口后,坡度骤降,水流突然分散,它从山里面携带的土石泥沙逐渐沉积,天长日久就形成了这样近扇形的地貌,这在地理学上有个专门的名字——洪积扇。

这儿就叫昌马洪积扇。

包括洪积扇在内,河西地区的一些山前小盆地,又像个聚水盆。河西走廊三大水系都发源于祁连山,分别由干流与若干支流组成。但很特别的是:大多数支流由于水量小,蒸发强烈,水流流程很短,往往流出山口之后就渗入地下或被引水灌溉;从地表看不出这些支流与干流之间的联系,但是它们同处于一个水文地质盆地，这些支流渗入地下的地表水，有一部分最终还是会以地下径流的形式汇入干流。

> **干流和支流**
>
> 在一个水系中，直接流入海洋或内陆湖泊，或消失于荒漠的河流叫作干流，干流是水系中主要的或最大的水道。
>
> 流入干流的河流叫作一级支流，流入一级支流的河流叫作二级支流，其余以此类推。例如，嘉陵江、汉江、岷江等为长江一级支流；唐白河、丹江等流入汉江的河流则为长江的二级支流。

而在洪积扇地势低洼的边缘区域，往往又会有泉水渗出，造就了宜居的绿洲。

玉门新城区就位于这个洪积扇的东北边缘。水库叫昌马水库，是 2003 年落成的疏勒河农业灌溉暨移民安置综合开发项目的水利枢纽工程。

◆ 瓜州锁阳城：玄奘西行地

昌马洪积扇西边的绿洲上，还有一座古城，叫作锁阳城。锁阳城是河西地区非常重要的一座古城，保存也较为完好。

锁阳城的历史很悠久，始建于西汉，在明末废弃。它最繁盛的时期是唐代,那时候这座城是瓜州的州治,现在这里属于瓜州县。

瓜州是历史地名,虽然境内古迹众多,但对当地人来说,最有名的特产却是"风"。这里有个说法,"一年一场风",意思可不是说一年只有一场风,而是这一场风从年初吹到年尾,也就是一年到头都有大风。

的确如此,这里盛行东西向的风,我看过一个数据,说是这里每年平均有三分之一的时间刮 7 级以上的大风,有中国"风库"之称。可以想象,这在过去给当地人的生活带去了多大的

◇ 锁阳城破城子遗址

麻烦。

瓜州一带有很多保存较好的古城遗址，很大程度上也是因为这些城后来被风沙掩埋的缘故。现在的情况倒是有所改变，我沿途看到许多的风车在旋转，显然是当地这些年大力开发风电的表现。

唐贞观三年（公元629年），27岁的玄奘法师西行求法，他从长安出发，经秦州、凉州到了瓜州。

我们在《西游记》看到的故事情节，是唐僧受唐太宗委托，光明正大去西天取经。但真实的历史并非如此，玄奘法师其实是偷偷西行，因为当时唐朝建立不久，边境并不太平，玄奘向朝廷奏请去西方求法，未被允准。

好在，当时的瓜州刺史独孤达是个佛教徒，为玄奘的精神所感动，对他很是照顾。玄奘就在瓜州住了一阵，打听西去的道路，但一直没有申请到"过所"，即官府颁发的出关凭证。

玄奘的行动非常冒险，后来朝廷的追捕文书到了。玄奘没法再待下去，就让一名熟悉路线的胡人做向导，趁夜出发，在瓜州西北几十里玉门关附近涉险渡过疏勒河，之后又幸运通过了玉门关以西的几处烽燧，终于离开唐境，进入西域，走上了艰辛求法的征途。

今天的锁阳城呈方形，城垣由黄土夯筑而成，保存得比较好，格局很完整，高的地方达到9米；城中央设有一道内墙，将城池分为东西两部分。

目前的标志性景观是城东北方向的一处大型寺院遗址——

◇ 锁阳城塔尔寺（视觉中国）

塔尔寺。位居寺院中央的是一座夯筑的喇嘛塔，塔基为方形，塔身覆钵形，高近15米，雄伟壮观，也是塔尔寺的主塔。夕阳西下时，坐在这里看着沐浴柔和光线的佛塔一点点融进暮色，更有一种苍凉之感。

◆ 瓜州悬泉置：丝路上的花结

除了锁阳城之外，瓜州还有一处非常重要的遗址，这就是悬泉置。

悬泉置遗址位于瓜州和敦煌之间甜水井道班南侧的戈壁滩上，祁连山支脉火焰山的北麓。遗址目前做了一些基础保护，还没有正式对外开放。

对于研究丝绸之路历史、考古的人来说，悬泉置是非常重

◇ 悬泉置遗址（展板翻拍）

要的。目前发掘的汉晋时期中西交通线上邮驿站点遗址中，悬泉置保存最为完整。它也是世界遗产"丝绸之路：长安—天山廊道的路网"这个项目的遗产点之一。有人曾用一句话来形容这个遗址——"像长长的丝巾中间绾出的一个精美花结"。这句话真是形象贴切。

悬泉置遗址的总面积达到22500平方米，内涵很丰富。考古学家将遗址分为五期，从汉武帝后期至魏晋时期。

遗址包括由坞堡、马厩、房屋及坞外附属建筑等组成的完整建筑群落，其中坞堡坐西向东，呈 50 米 ×50 米正方形院落，东北和西南转角处为方形角楼遗址，四周分布有建筑遗址。目前悬泉置遗址前有一个文物用房，里面有关于遗址情况和考古发现的简单介绍。遗址本身在地表还有一些遗存，可以看出基本形态和功能。

悬泉置遗址出土了许多非常重要的文物。特别值得一提的是在废弃堆积中发现了大量木简文书，其中有许多纪年简牍，还有相当数量的邮驿文书。我在国家博物馆看过一个甘肃的文物精品展，其中就有几枚悬泉置出土的简牍，两枚木简上有清晰的墨书"悬泉置"字样。

因此我们知道悬泉置是汉晋时期国家交通体系中的一个驿站，属于敦煌郡效谷县。这种官方驿站的主要功能一方面是传递邮件，另一方面也负责迎送行走在丝路上的政府官员、各国使节和商旅。从文书档案看，悬泉置就接待过乌孙、大宛、楼兰、大月氏等西域诸国甚至中亚诸国的使节。

我也曾在展览中看到过这方面的简牍，比如有一枚简牍，记载的是西汉成帝元延四年（公元前9年），悬泉置接待乌孙国使者时支出的粮食和马匹情况，简文写的是"出粟十八石，骑马六十八匹"，可见使团规模庞大，而悬泉置的物资储备也是很丰厚的。

通过悬泉置这个名字，大家能猜到它与水有关。的确如此，它的位置往南可以通往悬泉谷悬泉水。这处泉水还有个传说，说是西汉大将李广利讨伐大宛归来时路过此地，士兵们口渴得厉害，李广利引佩刀刺山，飞泉涌出。这就是悬泉水，而且很神奇的是"水有灵，车马大至即出多，小至即出少"。

◇ 悬泉置简

◇ 悬泉置遗址

  现在悬泉置遗址附近看不到地表水了，但我发现有古河道的痕迹，说明当年确实有水流过，这当然也是驿站可以设置于此的原因了。陪同我参观的当地朋友说，从这里往南，进到看上去光秃秃的山里，他们确实在山里发现过泉水。

古道 传奇

壁画佛国榆林窟

在敦煌旅行,如果你只能去一个石窟的话,那当然要去莫高窟;如果时间充裕,能再去看一处石窟的话,那一定要来榆林窟。

榆林窟在锁阳城西边。离开锁阳城西行,会遇到一条河,河岸过去榆树成林,这条河因此得名榆林河。在这条河上游的深切峡谷里,两岸陡直的山崖上开凿了一批佛教石窟,这个石窟也被现代学者称为榆林窟。

◇ 榆林河畔榆林窟

这里和莫高窟一起被列入第一批全国重点文物保护单位。相对于人流涌动的莫高窟，一般情况下，这里游客不会很多，游览体验很好。

我曾在夏天两次到访榆林窟。根据导航，车开到了景区还看不到景点，只能看到停车场和厕所；下车之后，眼前看到的除了能俯瞰的榆林河峡谷外，就是茫茫戈壁。原来经过改造，榆林窟入口做得非常低调隐蔽，跟着小小的指示牌走到峡谷跟前，才能看到非常狭窄的台阶，顺着下去就是游客中心。它和其他办公用房都是土色的，与峡谷山崖非常协调，颇具匠心。

河畔悬崖上的千年石窟

大家留意观察会发现，不止是榆林窟，包括前面所讲的天梯山石窟在内，整个河西石窟群的选址，都有一个共同点——它们几乎都选在既有悬崖又有河流的地方。"碧水+断崖"这种组合，成为河西石窟群选址开凿的"标准配置"。

其中的原因不难理解。石窟工程规模浩大，绝非易事。一座石窟的开凿需要动用多方力量，规模较大的石窟更是建造成本惊人。除了财力、物力、人力，适宜的地质环境也不可或缺。这也是石窟密集出现在河西走廊南部山区多水处的原因：在干旱区，有水才能有人类活动。

就算有了水，还必须要有山崖，因为石窟的开凿需要有天然石壁作为空间。而被众多河流切割的祁连山，形成了许多有着绝壁断崖的河谷地貌，成为石窟开凿的绝佳场所。因此，河西地区的石窟大多位于祁连山北麓的山间河谷地带。

整个河西走廊石窟群开凿的延续时间都很长，能找到不少开凿时间延续几百上千年的石窟，榆林窟便是如此。河西石窟的建造能跨越上千年，也是特殊的历史人文因素、独特的自然地理环境以及区位特

古道 传奇

点共同造就的。

  首先，河西石窟建造的高峰期，从十六国到北朝、隋唐时期，恰好是中国政治经济文化中心处于西北地区的时期，无论是割据一方的政权，还是大一统的王朝，统治者为加强统治，都在大力支持石窟建造；其次，北方佛教重禅法，尚修行，不惜工本开窟造像，而河西走廊的

◇ 榆林河畔榆林窟

气候干燥少雨，适合僧人在洞窟中拜佛修行，也有利于大型石窟的兴盛。还有一个重要的原因，河西走廊的山脉岩体疏松，便于开凿；相对于修建庙塔，在这个地区开凿洞窟反而是低成本的选择。

如此集中而又特殊的区位优势，使河西走廊成为佛教传布的中心地区，又是石窟广布的密集区域。

到壁画里寻找孙大圣

榆林窟现存洞窟有43个，比较重要的是唐、五代、宋、西夏、元时期的石窟。也就是说，如果想看敦煌地区晚期佛教艺术的成就，那么榆林窟是最好的选择。

榆林窟的洞窟主要集中在河的东岸山崖上，目前也只开放东区洞窟。和莫高窟一样，参观榆林窟也是由专业讲解员带领，每人戴一个耳机，不同的参观团错开，依次进窟，买普通门票的话能看六七个，而和莫高窟一样，这里也有特窟。

我建议一定要看特窟，特别是中唐吐蕃时期的25窟，这里有着巨幅的经变画：包括左壁的弥勒经变，南壁的观无量寿经变，西壁也就是前壁窟门两侧的文殊、普贤经变；另外值得一看的是东壁，也就是正壁，绘制有八大菩萨曼荼罗。这个窟的壁画技艺非常高，而且混合了汉藏两地的艺术风格。

此外，还要看的是第2窟和第3窟，它们的时代都较晚，但别具特色。

第2窟建于西夏，元、清重修。这个窟的看点是窟门两侧两幅水月观音图。

第3窟也是西夏统治瓜州时期开凿的，窟内佛教塑像和壁画内容精彩纷呈。

最让人感兴趣的也是在窟门两侧，各有一幅4米高的绘制于西夏

古道传奇

时期的经变画:靠北的是文殊变,可以看到文殊菩萨手持如意,坐在青狮驮着的莲花座上,周围有各种神仙菩萨簇拥,一起在云水之间中行进,上方则有雄奇的巨幅山水作为背景。

南壁的普贤经变布局与此大体相同。普贤菩萨骑在白象上。在画面的一角,仔细看,能看到一幅玄奘取经图:前面的光头和尚是玄奘,后面跟着一个猴脸人物,应该是孙悟空了,师徒二人走到山崖边,下面是急流,他们均双手合十做礼拜祈祷状,身后还有一匹驮着经文或行李的白马。

很显然,在明代吴承恩写作《西游记》之前,玄奘取经的事迹就已经被神化了,在他曾经走过的河西走廊上流传开来。

◇ 榆林窟第三窟普贤经变局部(视觉中国)

沙州敦煌
西域门户

敦煌周边

锁阳城遗址

榆林窟

瓜州

悬泉置遗址

破城子遗址

疏勒河

月牙泉

莫高窟

敦煌

河仓城

玉门关

沙州故城

阳关烽燧

西千佛洞

汉长城

雅丹地貌

图例
- 古道沿线城市
- 古道周边景物

离开悬泉置，往西沿着公路走约 65 千米就到了敦煌市区。说到敦煌的名胜和古迹，大家能想到的莫高窟、鸣沙山月牙泉、阳关、玉门关等都不在城区，所以大家往往就白天去近郊、远郊的景点，晚上在沙州夜市逛逛，吃点当地美食。

不过敦煌城里也不是没有古迹可看，如果有时间，可以去敦煌博物馆，可以比较完整地了解敦煌作为中西文化交汇之地的历史进程。如果对访古有兴趣，可以跨过党河，去河西寻访沙州故城遗址。

在古城路的北端，这里还保留着一段比较明显的夯土城墙，

◇ 从敦煌城区眺望鸣沙山，近处是党河

还有一处很高的角楼遗址。这是沙州城的西墙和西北角楼,汉唐时期的敦煌郡和沙州城都在此,也可以说就是过去的敦煌市区。在故城南边还有一座叫白马塔的喇嘛塔可以参观。一直到清代雍正年间在党河东岸另筑城,才发展成为现在的敦煌市区。

◆ 为何春风不度玉门关?

我出生在皖南,小时候常常在书上读到敦煌,以及石窟、壁画、飞天、九色鹿这些名词和故事。虽然不太懂具体的含义,但觉得特别神秘,特别有魅力,我想这也是很多人第一次听说敦煌时的感受吧。但敦煌远在大西北,距离我家乡可谓关山迢递,所以实在不清楚它到底是个怎样的地方,对它充满了想象,觉得它是我们国家辽阔土地上的一处特殊的地方。

经过多年的学习和游历,我终于明白,敦煌确实特殊。它虽然地处边陲,却非常重要;从某种程度上说,它是理解中国西北历史文化的一个关键点。

从自然地理上看,敦煌是几种地形区的交汇点。

它位于河西走廊最西端,是甘肃最靠西的一个绿洲,被党河滋润。党河是发源于祁连山,并汇入疏勒河的一条河流。因为有党河水系以及始于汉代的大规模开渠灌溉,人们才能在这里能生存。

从敦煌往南看,能看到高高的沙山。那是著名的鸣沙山,因为沙子滑动时产生奇妙的声响而得名。鸣沙山有一处著名的景观——"月牙泉",就是沙漠中的一汪水。

"月牙泉"所处的位置实际上是党河的故道,因为历史上发生过改道,旧河道这里被沙漠淹没了,但还有地下水,所以会在一些地质断层,在低洼处露出,这样就形成了月牙泉。

在卫星图上从敦煌往西看,可以很清楚地看到一大片无人区。靠南边的部分是沙漠,叫库姆塔格沙漠。而靠北边的部分是面积广大的雅丹地貌,就是一种风蚀地貌,古代称为"莫贺延碛"。

◇ 阳关烽燧

玄奘当年西行，过了玉门关西的五个烽燧后就来到这里。根据《大慈恩寺三藏法师传》的描述："莫贺延碛，长八百余里，古曰沙河，上无飞鸟，下无走兽，复无水草。"而且气候变幻无常，白天热死，晚上冷死，自然环境极其恶劣，玄奘"是时四夜五日无一滴沾喉，口腹干燋，几将殒绝，不复能进"。凭借着"宁可就西而死，岂归东而生"信念，口念观音菩萨及《般若心经》，终于穿越此地到达高昌国。

敦煌和西边的楼兰、高昌之间的无人区可以说是整个丝绸之路上最大的无人区，对当年行走在丝路上的行旅来说也是最为艰险的考验。因此，在正常情况下，西去的人要在敦煌准备物资，东来的人穿过无人区后要在敦煌休整。

人一停留聚集，便会带来消费，带来财富。除了物资的准备，人们还需要精神鼓励和安慰。莫高窟之所以能成为延续千年的佛教圣地，一方面有当地官员、大族的捐资；一方面也仰赖持续不断来来往往的商旅们朝拜祈福。莫高窟虽然地处敦煌，但实际上是属于整个丝路的。

地理上的特殊性也造就了敦煌在政治版图上的重要性，它是理解中原与西域关系的一个切入点。

敦煌以西有汉代设置的阳关和玉门关，汉代的长城就修到此为止，玄奘就是从玉门关出发西行的。可见在汉唐时期，敦煌就是帝国的西陲和边关重镇。

华夏政权所行的管理制度，往西最远就覆盖到敦煌。即便在中原王朝强大到可以有效控制西域的时期，在敦煌以西也多采用羁縻政策。站在敦煌往东西两边看，不仅山川风土不同，制度礼俗也不同。古人对这一点是很敏感的，所以"西出阳关无故人""春风不度玉门关"的诗句，不只是对时间地点转换的描写，也是政治和文化差异的反映。

什么叫羁縻政策？

羁縻政策是古代中央王朝在少数民族地区采取的一种民族政策。"羁"就是用军事和政治的压力加以控制，"縻"就是以经济和物质利益给以抚慰。

中央王朝在少数民族地区设立特殊的行政单位，保持或基本保持少数民族原有的社会组织形式和管理机构，承认其酋长、首领在本民族和本地区中的政治统治地位；任用少数民族地方首领为地方官吏。少数民族除在政治上隶属于中央王朝，经济上有朝贡的义务外，其余一切事务均由少数民族首领自己管理。

敦煌是中原王朝经营西域的基地，我们看历史上每次对西域用兵，敦煌都要出人出钱出粮草。而一旦西域局势不宁，中原王朝派驻的官员军队守不住，往回退的话，也不可能退到敦煌以东，因为这后面都是中原王朝直接统治的地区，不能把战火引进家门。

因此，敦煌成了中原面向西域的门户，也就成了东西文化交汇之处，从而形成了丰富多彩的敦煌文化。

佛教来了，佛教艺术跟着来了，我们在莫高窟的早期洞窟里可以看到很明显的西域艺术的影响，如绘画上的凹凸法，题材上有很多印度本土佛教的影子。同时因为敦煌是受中原王朝直接统治的，因此来自中原特别是都城的文化之风也会吹到这里。在莫高窟的某些窟里，可以看到西域和长安的风格并存的现象。

但是有利也有弊，敦煌在元代以后的衰落也与交通路线和国家政策的改变有关。

◇ 鸣沙山月牙泉

唐代以后由于中国陷入分裂，陆上的中西交通受到削弱，海上贸易蓬勃发展起来。连接甘肃新疆的陆路交通，更多人走的是从瓜州直接往西边进入新疆到哈密、吐鲁番的路线，敦煌就不在东西交通干线上了，直到今天，情况依然如此。

明朝政府平定西域后，选择嘉峪关作为明长城最西端，以扼守住河西咽喉，这就将帝国边疆最主要的一道防线由敦煌以西移到了敦煌以东。敦煌孤悬关外，实际上没人管了，渐渐就荒凉下去了，这是莫高窟艺术到元代以后就衰落下去的根本原因。

即便清代重新控制新疆，在敦煌重新设县，移民开发，比之前的情况有了起色，但毕竟和汉唐盛时不可同日而语。

但也正因为敦煌后来逐渐被人遗忘，变成了人迹罕至的偏远小城，加上干燥的气候，莫高窟的艺术才得以比较完整地保存下来，成为今天我们通往古代艺术世界的一扇大门。

◆ 莫高窟，不是终点

在丝绸之路河西走廊这条古道的最后一站，让我们走进最著名的古迹——莫高窟。

今天我们从敦煌市区出发去莫高窟的话，要先往东，走通往火车站、机场方向的阳关大道，走十几千米，从莫高窟数字展示中心的一处路口向南穿过戈壁滩，再走十几千米才到莫高窟。这条道路其实是莫高窟成为景点后的路线，历史上并非如此。

敦煌城南横亘着的是鸣沙山，主要呈东西走向，东西绵延40千米，南北宽约20千米。整个山体是细沙积聚而成，当然下部也有岩石。现在所谓的"鸣沙山—月牙泉景区"就是在鸣沙山的最北端。

而莫高窟在哪儿呢？就在鸣沙山最东边，就开凿在鸣沙山东端的断崖上；与此相对应的是西千佛洞，开凿在鸣沙山西端。两个石窟的地质情况也非常相似：莫高窟前有一条宕泉河，根据记载过去水量很大；流经西千佛洞前的则是孕育敦煌绿洲的党河。莫高窟和西千佛洞所在的点都是河流出山的峡口，它们都是在河谷地带开凿的，符合我之前分析的河西石窟多建在"碧水＋断崖"的环境中。

从敦煌城区到莫高窟,在古代是沿着鸣沙山东北麓向东南方向走,显然取的是最短距离。

现在这一线没有像样的路,全是沙漠前的戈壁地带,但古人给我们留下了大量的墓葬,有许多在地表还留有茔圈和封土,这是河西走廊西部到新疆吐鲁番地区流行的墓葬形态,路上有个叫佛爷庙的小庙,也能说明过去这里是一条便捷的通道。

说到莫高窟本身,学问可就太大了,大家要了解它的一些基本特点。

时间上,莫高窟被认为开凿于公元4世纪的十六国时期,持续到14世纪的元代。

空间上,窟群南北全长1600多米,现存历代营建的洞窟

◇ 鸣沙山

◇ 莫高窟标志性景观——九层楼

共 735 个，分为南北两大区：南区是传播佛教理义和礼拜的处所；北区为画工、塑匠居住的生活窟和僧人坐禅的禅窟，少数是佛教徒埋葬尸骨的瘗窟。其中有编号的 492 个洞窟，共有壁画 4.5 万多平方米，彩塑 3000 余身。

我们应该如何理解莫高窟呢？

首先，和西方的偌大的带有玫瑰花窗的教堂不同，石窟一般都比较小，光线幽暗。进入之后会感觉到它是一个超越现实，具有神圣性的空间，有着自洽的逻辑。我一直觉得，石窟和中国传统的墓葬具有某种相似性，是努力突破生命的限制，用艺术的形式超越大限；当我们在欣赏石窟艺术的造型、线条之美之前，应该了解一下石窟的整体布局和立意。

其次，虽然说石窟艺术的出现，很大程度上是因为当时信徒们普遍不识字，看不懂深奥的佛经，所以通过绘画来传播教义。但我并不认为图像就是容易理解的，它也是有自己的语言形式，也是需要有人引领的，当时信徒们在莫高窟到底如何朝拜观礼，我想是值得思考的。

再者，敦煌伟大，但恐怕不能代表中国古代艺术的最高水平。再怎么说，它也始终是帝国疆域内的偏远之地。就唐代而言，最好的宗教壁画很可能在唐代的长安和洛阳，那些地方的佛寺里有吴道子的壁画，

只是我们看不到了。这就是历史选择的结果，应该意识到，我们面对的是破碎的历史。

很多年前的一个夏天，我第一次去敦煌。有一天傍晚，我和朋友登上了莫高窟对面的三危山，爬到山顶向西望去，莫高窟笼罩在落日余晖之中，无边无际的霞光从四面八方把我包围。

这段经历不由让人想起当年乐僔和尚"尝杖锡林野，行至此山，忽见金光，状有千佛。遂架空凿险，造窟一龛"的描述，感觉到让生命在有限的时空境界里无限地延展。这应该也是古

往今来无数人，通过各种方式努力要达到的目标，无论是宗教，还是科学。

好了，我们的河西走廊之旅到此就告一段落了，从黄河之滨的金城兰州出发，翻越乌鞘岭进入河西，经过武威、张掖、酒泉、嘉峪关一直到了敦煌，而出了敦煌西边的阳关、玉门关，进入新疆，那又是别样山川。敦煌既是河西的终点，又是踏进西域的起点，我们的脚步也不会停下。

◇ 远眺三危山（近处为历代僧人墓塔）

下篇

古道走边疆——茶马古道

茶马古道

边塞古道：雪山连大漠

　　如果你去过云南、四川与西藏三省区旅行，应该经常能看到被归于"茶马古道"的景点和商品。而出了这些地方，在贵州、广西、重庆、湖南、陕西或许也都能偶遇"茶马古道"。让人不由得产生这样的疑问：怎么哪里都有"茶马古道"？这条古道究竟有多长，从哪儿到哪儿？和喝的茶、跑的马有什么关系？

◆ 马肥茶香走滇藏

　　其实，"茶马古道"是一个当代的概念，也就是说，"茶马古道"是今天的人命名的，不是历史上就有的古道名称，它跟"河西走廊"不同。随着"茶马古道"的名气越来越大，很多地方都想跟这条古道攀上关系，打个比方，"茶马古道"好像一条藤蔓，越来越长，结的瓜也会越来越多。

　　那么，用历史的眼光去看待这些现象，应该给"茶马古道"

◇ 云南兰坪金顶大石桥茶马古道（视觉中国）

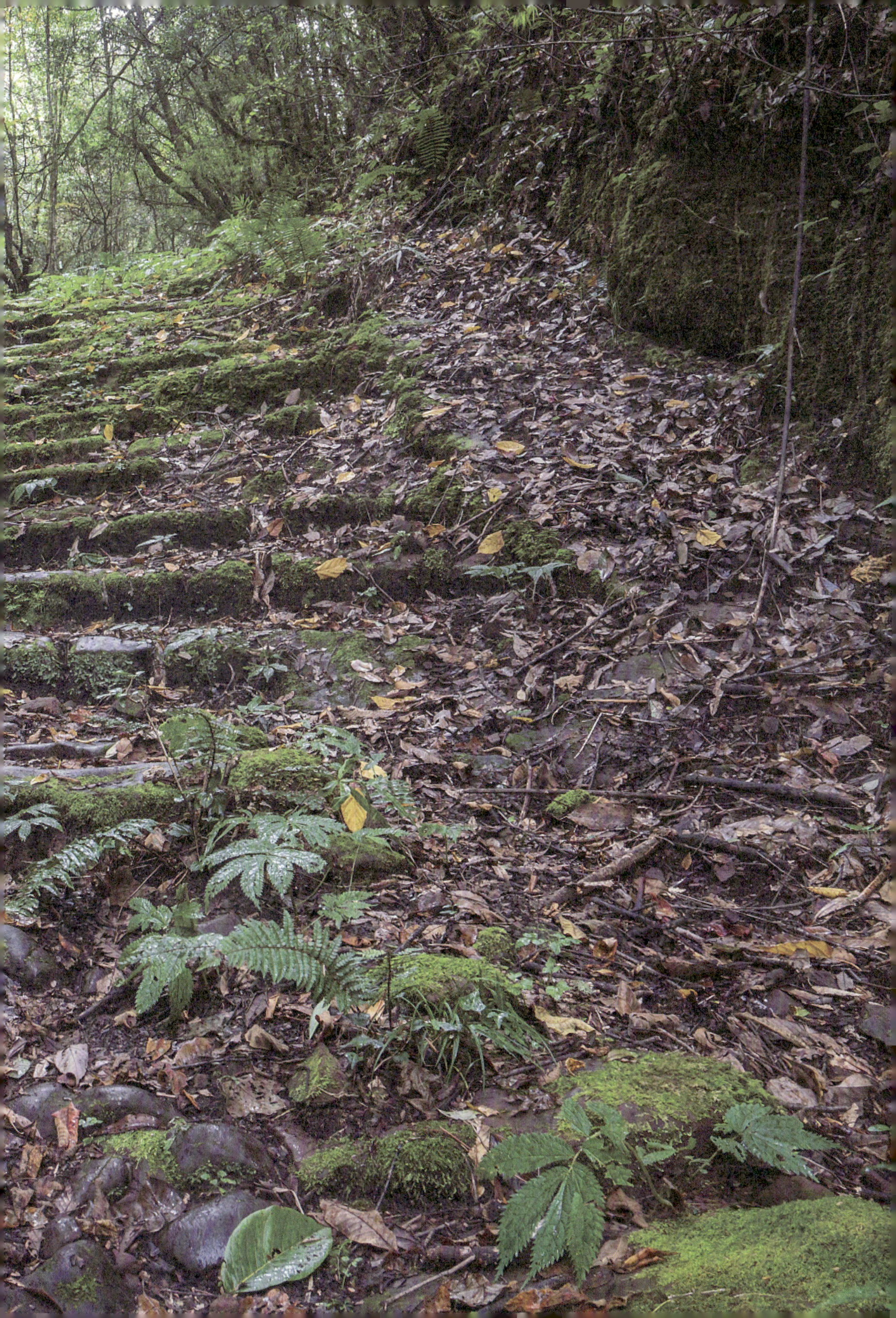

◎ 茶马古道

下个什么样的定义呢？"茶"是古道上最主要的交易商品，由谁来运呢？那就是马！因此大致可以说，茶马古道是中国西南地区以马为主要交通工具，以马帮为主要运输组织的民间商贸通道，主要连接内地和西藏等藏族聚居区。

我们知道，青藏高原海拔高，气候寒冷，蔬菜少，居住在那儿的人需要摄入热量高的食物，居民的饮食以牛羊肉、奶、酥油、糌粑为主。但是这些食物吃多了容易腻，身体也难以承受，特别需要喝茶来分解脂肪，这也就是我们听说过的"酥油茶"。

西藏地区本身不产茶，需要向周边内地购买，邻近的四川雅安、云南南部等地区产茶。四川雅安所辖名山县的蒙顶山早在汉代就种植茶叶，这里出产的绿茶在唐代被作为贡品，唐诗中有"扬子江心水，蒙山顶上茶"的说法；而云南南部最著名的特产就是普洱茶了。

与此相对的，藏族聚居区自古就出产良马，马匹不仅是交通工具，也用于军事目的。内地无论是军队征战还是民间役使，都需要大量的马匹，但本身产量供不应求，需要向藏族聚居区购买。因此，茶叶和马匹成为双方交易的主要商品。同时，内地出产的盐、布匹和各种日用器皿，藏族聚居区出产的药材、毛皮等，也都进行不同程度的交易，相互补充，各取所需。

茶马古道并不是一条路线，而是交通网，目前被普遍承认的有两条主干线以及若干支线。

两条干线分别是滇藏道和川藏道。

滇藏道南起云南南部的产茶区，向西北方向经普洱市、大理白族自治州、丽江市，进入迪庆藏族自治州，到达西藏地区。

川藏道是从四川雅安一带产茶区出发，一路向西经泸定到康定，进入甘孜藏族自治州，到达西藏。

经由西藏地区，茶马古道还连接南亚、中亚甚至更远的西方，所以茶马古道又可以看作是国际性的商贸交通网。

2013年，"茶马古道"被公布为第七批全国重点文物保护单位，所包含的国保点数量众多。我给大家讲述的是滇藏道其中的一段，从西双版纳到迪庆藏区。

上初中的时候，我曾经读到过郑愁予的小诗《错误》，印象特别深刻，虽然那首诗写江南，写故园，但最后两句"我达达的马蹄是美丽的错误。我不是归人，是个过客……"我想，这也曾是茶马古道上发生过的无数个家常故事。

普洱
滇南茶香

要给茶马古道的任何一条路线寻找一个准确的起点，都不是件容易的事情，因为这涉及到概念和定义，是以某片茶园、某个马帮启程的站点算起，还是以某个具有标志性意义的市镇或关隘作为标志？可谓各有各的说辞。这就跟讨论茶马古道到底兴起于何时一样，虽然现在普遍认为是唐宋实行"茶马互市"以后开通的，但这也并非定论。

不过，茶马古道之滇藏道的大致起点，放在云南南部的产茶区是没有问题的，这里出产的茶就是著名的普洱茶。

◆ 普洱茶　大叶种

我们都知道，中国是茶叶的故乡，茶也是中国人最喜欢的饮料。中国不少的省、区都出产茶叶。茶叶品种繁多，常听到的绿茶、红茶、乌龙茶、白茶、黑茶、花茶等，都是我国茶叶的主要类型。

这些茶叶的区别主要不在茶树的外观上，也就是说，如果走进各地茶园，从茶树上的叶子可看不到这么明显的颜色差异。它们之所以在冲泡后展现出完全不同的滋味和颜色，主要来自不同的制作工艺，即是否发酵以及发酵程度如何。

茶叶发酵是一个化学过程，当茶叶细胞的细胞壁破损后，存在于细胞壁中的氧化酶类促进儿茶素类进行一系列氧化。

绿茶摘下来后很快进行杀青，也就是通过高温破坏鲜茶叶中酶的特性，制止多酚类物质氧化，即不让其发酵，所以茶叶

◇ 普洱古茶树
（视觉中国）

的色泽和茶汤较多保留了鲜茶叶的绿色。而与之相对的，红茶的制作有意将儿茶素氧化，从而使得叶色由绿色转变成铜红色，泡出的茶汤也呈红色，被称为全发酵茶。福建的铁观音、大红袍等属于乌龙茶。它们介于绿茶和红茶之间，属于半发酵茶，所以茶汤颜色比绿茶深一些，比红茶淡一些。

普洱茶是以云南大叶种晒青茶为原料制作出来的。

这里有三个概念需要解释。首先是"云南"，这是中国最重要的产茶区之一，除了普洱茶，这里的红茶品质也很高。

第二个概念是"大叶种"，这是云南境内大叶类茶树品种的统称。这个名字很形象。因为和其他地区的茶树相比，云南的大叶种茶树不是灌木，而是乔木，长得十分高大，自然生长能达到五六米高，最高的甚至能到20米。树大，叶子也大，平均叶长13厘米，叶宽5厘米，比一般茶树的叶子大多了，大叶种是制作普洱成品茶的原料。

第三个概念是"晒青"，这是制作工艺。就是说鲜叶在采摘完成以后，首先进行的工序是进行摊晾，使其完成脱水风化。根据加工工艺及品质特征，普洱茶分为生普（生茶）和熟普（熟茶）两大类型。前者未经发酵，后者是经过人工渥堆全发酵，所以生普口感比较生猛刺激，像毛头小伙；而熟普茶性温和，香味浓重，像成熟长者。

普洱茶外形上给人最直观的印象，就是茶叶被压制成一个大饼，喝的时候需要先敲下一小块，磨开，然后冲泡。这和其他茶叶有很大的不同。制成茶饼的熟普，非常耐放，而且放上几年后，口味更好，这是因为熟普的品质和陈香是在存放过程中发酵形成的。正因为如此，熟普方便运输和存储，成为通过茶马古道行销西藏及周边地区的主要商品。

◆ 古今普洱大不同

普洱茶是一种比较宽泛的叫法。云南很多地方都出产普洱茶，并非只有普洱一地，比如西双版纳傣族自治州、普洱市、临沧市都是著名的普洱茶产地。类似的情况还有不少，比如像黄山周边很多地方出的绿茶都可以叫"黄山毛峰"，但该地另一种名茶"太平猴魁"就只产于安徽省黄山市黄山区（原太平县）新明乡猴坑村一带。

现在的普洱市是云南省的一个地级市。历史上有个普洱府，清雍正年间设立，管辖范围除了今天云南南部普洱市部分县区以外，还包括西双版纳州及如今老挝的部分地区，这个府的府治设在普洱县（今宁洱县）。

宁洱本身不怎么产茶，最主要的茶山，如六大茶山攸乐、依邦、曼撒等其实都在西双版纳境内，在清代是属于普洱府管辖的，当时普洱县作为府治，是普洱茶最重要的集散地。

得名于商品集散地而非主产地，普洱茶的这种情况有点类似于宣纸。宣纸是我老家安徽省宣城的特产，它也不是产在今天宣城市宣州区，而是在邻近的泾县，但宣州历史上是州、府治所在，就成为宣纸最大的集散地，宣纸因此而得名。

从距离上看，最远的普洱茶产区应该是西双版纳州勐腊县易武镇一带，上面说的六大茶山在这里连成一片，位置很靠近边境了。

易武镇在云南省西双版纳州政府驻地景洪市以东约110千米，这座古镇曾经因茶叶贸易兴盛一时，有多条长度超过1000米的石板路。这是清道光年间，易武土司署连同当地茶庄，以易武为起点铺设的运输茶叶的大道，直到今天仍能看到不少路段。

清末到民国早期是易武贸易最为繁盛的时期，当时镇上有茶庄和商号几十家，每天能有五六百匹骡马聚集于此。镇上的一些老字号，像同昌号、同兴号、同庆号、车顺号等建筑还在，都被列入全国重点文物保护单位。

20世纪40年代，战乱和其他一些因素对易武六大茶山的茶业生产和运输造成毁灭性打击，易武也就衰落下去，成为被人遗忘的角落。但好在茶山茶树还在，当地因此进行旅游开发，情况有所好转。镇上还有一个小广场，是当年马帮聚集出发的地方。整个茶马古道上，还是有相当数量的真正的"道路"保存下来，其中以石板路最具代表性。

另外值得一提的是，如今的普洱市不仅以茶闻名，情况也在发生变化，普洱也在变为中国的咖啡之乡。

得益于地处北回归线附近的高山地理条件，这里特别适宜咖啡种植。我看到一段资料："2017年，普洱市的咖啡种植面积为78.9万亩（526平方千米），咖啡豆产量5.86万吨，普洱当地有咖农 30 万人,是中国面积最大、产量最高、品质最优的咖啡主产区和贸易集散中心。"在普洱当地,也到处能看到对咖啡的宣传,每年还有相关的文化节庆活动。

◆ 小镇那柯里

茶叶从产茶区运出,就要踏上漫漫旅途。可以想象,马队的行进速度不会太快,沿途必然要在一些地方停下来进行休整。位于普洱市思茅区和宁洱县之间交通线上的那柯里,曾经是普洱府境内很重要的一个驿站,也是从滇南产茶区北上的第一个重要集散地。

有一种说法,"那柯里"这个名字是由"马哭里"转音而来。古时,由于茶马古道一路艰辛难行,再加上马驮重负苦不堪言,马帮到了那柯里这个地方还要蹚水过河,翻过陡峭的山岭继续前行,每次行走到这里时,马帮的伙计都会忍不住掉下眼泪。后来河上终于架起了一座廊桥,辛劳的马帮便可在此桥检查马掌,逗留歇息,休整调养,马帮的伙计们也就不用落泪了。附近村民、外地商家也陆续迁移此地,或者开垦田地,种植茶叶;或是开设马店,提供服务,这里慢慢形成了一个规模不小的村落。

不过,凄凄惨惨的"马哭里"的故事只是一个传说。"那柯里"实际上是傣语的汉译,"那"意思为"田","柯"意思为"桥","里"意思为"好",因此"那柯里"意为桥旁的好田地,是有小桥有流水的好地方。的确，今天到那柯里的游人，都会觉得这里山环水绕，环境很好。

小镇那柯里目前保存有较为完好的茶马古道遗迹，也是当地重点打造的茶马古道主题的旅游地。这里有一家建于1831年的荣发驿站，当年在马帮圈子里很有名气，是南下北上、操着不同方言的马帮歇脚休整的地方。现在店里还能看到一些当年马帮使用过的物品和陈设。

◆ 无量山下清凉街

从普洱市继续往北，有两座大山横亘眼前，分别叫无量山和哀牢山。这两座山脉大体都呈西北—东南走向，基本平行。它们是云南西北部面积广大的云岭向东南方向延伸的余脉，在大理以南分为两支，无量山在西，哀牢山居东。

高大的山体将河流约束在身下，使得山两侧的水向不同方向流去，西部支脉无量山是澜沧江和把边江的分水岭；东部支脉哀牢山成为了阿墨江和红河的分水岭。

无量山古称蒙乐山，以"面大不可丈量之意"而得名。

与之相比，哀牢山实际上更长，体量也更大一些。哀牢山还有一大特色，这里的生物多样性在世界同纬度地区首屈一指，是我国十分重要的自然保护区，生活着黑长臂猿、绿孔雀、黑叶猴、灰叶猴、小熊猫、云豹等珍贵野生动物。

无量山和哀牢山本身就出产茶叶，而茶马古道向北翻越穿越这两座山，也留下了一些遗迹。

新平彝族傣族自治县嘎洒镇境内的哀牢山茶马古道已开发成景区，这里保留着穿行在密林之中的以青石板铺砌的路面。此外，还有由马帮歇脚的驿站扩展形成的村镇老街，如景东彝族自治县文井镇清凉村的清凉街，就是无量山下重要的商业性市镇。

据清代《景东府志》记载，这里"以茶为市，衣食仰给茶山，男女贸易，盐茶通商"。居民的产业主要依赖茶叶生产和销售，逐渐发展出具有上、中、下三条主街的集镇，成为过去无量山和哀牢山区中段最大的茶叶和盐巴集散地。

北来的藏商马帮习惯了高原凉爽干燥的气候，因为惧怕热带的瘴气和疟疾，往往走到清凉街就不再往南走了，以此作为交易的据点，等到他们卖完带来的土产，收齐云南茶叶，便向北返回。1953年弥宁公路通车后，老街逐渐冷清，但目前基本还保持原有规制。

◆ 鲁史古镇与大旅行家徐霞客的故事

在普洱市以西的临沧市凤庆县境内有个鲁史古镇，历史上也是茶马古道上的咽喉要地。

这里地处澜沧江和黑惠江之间的高山之上。根据明代文献记载，这里"明时为司汛，因地处江外各乡村之中心，又当省、县来往孔道，遂辟为街场，逢寅申日赶街"，走过这里的人自然有很多，其中就包括明代的大旅行家徐霞客。

明崇祯九年（1636年），徐霞客开始人生最后一次远游，历时三年之久。这趟漫长的旅程从他的老家江苏开始，先到江西、湖南，再进广西、贵州，最后到达云南，行程可谓跨越了整个南中国。

徐霞客的旅行可不是简单的游山玩水，他非常留意各地的历史沿革和地质地貌，进行了大量的科学考察，在一些艰险地区还数次与死神擦肩而过。在徐霞客之前，人们普遍认为岷江是长江的正源，而徐霞客通过实地考察，判定金沙江无论是流程长度还是水流量，都远超岷江，他据此提出"因此推江源者，必当以金沙为首"，即金沙江是长江的首要源头。推导出这一观点在当时的条件下已属难得。现代地理科学证明，金沙江上源沱沱河为长江源头之一。

在《徐霞客游记》中，记录在云南境内考察的《滇游日记》占了很大篇幅。

崇祯十二年（1639年）农历八月十四日，徐霞客从顺宁（今凤庆县）出发，和马帮一起赶往大理；第二天乘坐竹筏渡过湍急的澜沧江，到达鲁史。

徐霞客看到的鲁史是什么样的呢？游记里这样描述："蹑冈头，有百家倚冈而居，是为阿禄司。"附近山环水绕，而建筑依山头而建，规模约有百余家。本来徐霞客打算继续往前赶路的，但同行的人告诉他，前面很远都没有适合的投宿地，于是他就在鲁史留宿。正值中秋，徐霞客兴致很高想赏月，结果

◇ 鲁史古镇（视觉中国）

"月为云掩，竟卧"，未能实现愿望。第二天，徐霞客再次出发，经蒙化（今云南省大理白族自治州巍山彝族回族自治县）前往大理。

在徐霞客所处的时代，鲁史镇一带的澜沧江和黑惠江都还没有桥，只能用竹筏或木舟将骡马和商旅渡过河，相当艰险。清乾隆二十六年（1761年），澜沧江青龙桥建成，交通条件改善，过往的商旅数量与日俱增，鲁史古镇发展成为一个规模可观的大市镇。后来随着公路的开辟,鲁史的地位一落千丈,成为藏在山间的一个安静的小镇。

现在的鲁史古镇上有依山而建的楼梯街,有人们赶集的场所——四方街,青石板路上还留下了深深的马蹄印。鲁史的民居建筑以云南传统的"一颗印"合院为主,鲁史镇古建筑群是滇西地区规模较大的一处古迹,值得一看。

◆ 南诏故地巍山城

茶马古道的旅程再往北,就进入大理白族自治州境内了。在进入大理之前,我们先去看看大理州南部的巍山彝族回族自治县。

巍山县就是之前提到的蒙化,为唐代南诏国的故地,元明时期为蒙化府治所,清代为蒙化直隶厅,是云南境内一座历史悠久的古城,第三批国家历史文化名城,也是茶马古道的重镇。

2009年岁末,我去过巍山县,感觉特别好。这是一座格局保存非常完好的古城,位于山谷之中,顺着地形布局,巍山城并不是正南北的朝向,而是西北—东南朝向,基本保留了明清时期棋盘式的格局。

古城标志性建筑叫拱辰楼,建于明洪武二十三年(1390年),原为蒙化卫城的北门城楼,三层;南明永历二年(1648年)维修时改为二层;现在依然非常雄伟壮观,下面是砖砌城台,上面为砖木混筑的重檐歇山式建筑,光是城楼建筑就面阔五间，高达 16 米，体量规模之大令人震撼。

在拱辰楼南、北两边檐下悬挂的大匾也值得一提，这几块匾都题写于清代。南边悬挂的是"魁雄六诏"，显示巍山在南诏地域的突出地位；北边悬挂的是"万里瞻天"，很明显表现的是南诏与北边的中原华夏的关系，追忆的是巍山历史上最辉煌的阶段。随着巍山城区向北扩展，拱辰楼后来成为古城的中心建筑了。非常不幸的是，2015 年 1 月 3 日，拱辰楼失火被毁，但随后很快进行了重修复原。

巍山古城里老街老建筑数量可观，沿途皆是民居。沿着拱辰楼往南走约 200 米是一座小一点的楼阁，名为"星拱楼"，它位于过去巍山古城的正中，即明代蒙化府府城的中心过街楼，也就是这座城的鼓楼。

◇ 巍山古城拱辰楼

◇ 巍山古城星拱楼

　　登楼可以俯瞰巍山古城全景,也可以眺望古城的四周景色。往南看,城南大约 10 千米处那座山是有名的巍宝山,是一座道教名山,保留了清代以来的多处道观。那里又被视为南诏发祥之地,新建有南诏土主庙,大殿中有南诏第一代王细奴逻的塑像，传说细奴逻发迹之前曾在此农耕。

  游走巍山古城，我最大的感受是古风犹存。路上时不时能遇见身着民族服装的当地人，彝族老太太围着很厚重的黑色头巾，一些街口贴着的讣告都还是右起竖行毛笔书写，有一些丧家门口贴着的对联措辞也非常古雅，可见当地文化素养之高。也可以感受到过去中央王朝是如何用心经营这里，将华夏文明一点点注入到这里，从古城里尚存的文庙、书院等文教设置也可见一斑。

  一些店铺卖的东西也有地方特色，比如一种花花绿绿的草编圆凳子非常多见，当地人都会拿来坐在家门口。我朋友写过巍山的游记，说在拱辰楼下有一家卖马掌、马鞍等马帮用具的铺子，但今天还在不在就不得而知了。如果你来大理旅游的话，建议抽一天来巍山逛逛，肯定不虚此行。

古道 传奇

云南驿与"驼峰航线"传奇

离开巍山,前方很快就到大理城,不过在这之前,我们的旅程稍微拐一下,往东北方向的祥云县,去看看一个叫作云南驿的古镇。

彩云升起的地方

今天"云南"这两个字代表了面积达39.4万平方千米的省级行政区,而在西汉时期,"云南"就只在云南驿。

元封二年(公元前109年),汉武帝派遣巴蜀军队击灭了滇东北的部族势力,滇王投降。因汉武帝梦见彩云南现,就在此地设置云南县,属益州郡管辖,治所就设在今天的云南省祥云县云南驿镇,所以有人诗意地将这里称为"彩云升起的地方"。

此后的历史进程中,这里逐渐发展成为茶马古道上的重镇。今天,

◇ 云南驿(视觉中国)

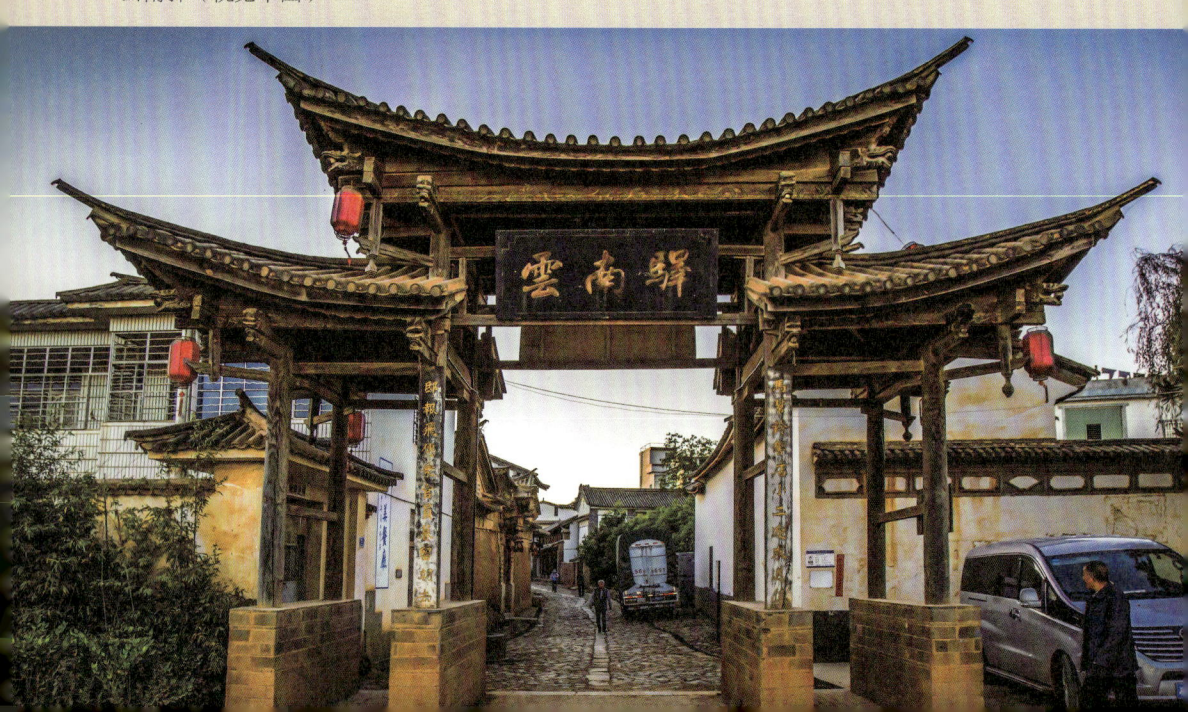

当地还保留着相当数量的古驿道、古驿站、大马店、各种客栈、大户人家的宅院和宗祠等。穿镇而过的驿道主道长约1千米，道宽约5米，中间为石板，两边为小石块。

驼峰航线的故事

第二次世界大战期间，云南驿是中缅战区的重要军事基地，大后方的生命线滇缅公路由此通过。而云南驿机场当时由美国援华志愿航空队"飞虎队"进驻，成为著名的"驼峰航线"空运战略物资的重要中转站，在抗战史上留下了浓墨重彩的一笔。

如果你坐飞机去云南西南部的历史名城——腾冲，也许注意过这里的机场叫"驼峰机场"，但在机场附近并没有叫"驼峰"的地方。其实机场的名称并不是来自当地的地名，而是根据历史上一条重要的空中航线——"驼峰航线"命名的。

驼峰航线在20世纪战争史上赫赫有名，因为它是二战时期中国和盟军最主要的空中通道，为打败日本法西斯做出了重要贡献。

驼峰航线始于1942年，正是中国抗战最艰难的时期。而在前一年，由于日本偷袭珍珠港，太平洋战争爆发，美国参战。此后，美国、英国等国家与中国结为盟国。为了打败日军,他们改变了从前的中立态度，开始向中国支援物资并提供军事帮助。

1942年5月，日军切断了中国与外部世界联系的重要运输通道——滇缅公路，抗战形势对盟军十分不利。在这样的危局下，中美两国合作开辟空中通道。这条航线自西向东穿越印度东北部、缅甸和中国西南地区，要翻越世界上最高的山脉——喜马拉雅山。只要看一下地图就可以知道，这条航线的危险性有多大。事实的确如此，航线全长约

古道 传奇

◇ 飞越喜马拉雅山脉（视觉中国）

800余千米，海拔大多在4500米至5500米之间，最高处海拔达到7000米。

为什么叫驼峰航线呢？就是因为沿途高山和深谷连绵不绝，就像骆驼的峰背一样起起伏伏。可以说，驼峰航线是世界航空史上挑战飞行极限的一条航线。

通过这条运输航线，三年多时间里，约有80万吨战略物资，包括武器弹药、医药用品、机器设备等被运抵中国西南的抗战大后方，又有大批中国远征军士兵乘坐返航飞机赴境外训练和远征。毫无疑问，这是中国抗战的"空中生命线"，粉碎了日军的重重封锁，有力支援了中国抗战，支撑了亚洲战场。

对于机组人员来说，这却是一条"空中死亡线"。一路气候条件十分恶劣，沿线地处欧亚大陆三大强气流团交汇区域，雷暴、湍流、风切变、冰雹和霜冻等极端天气是家常便饭。飞机在飞行

古道 传奇

过程中随时会有撞山和坠落的危险,还要面对日本军机的袭扰。据统计,在三年多时间里,中美双方共坠毁飞机609架,近2000多名飞行人员牺牲或失踪,中美飞行员赴汤蹈火,血洒长空,写下了二战史上英勇悲壮的一页。

1945年二战结束后,一名飞行过驼峰航线的飞行员接受美国《时代周刊》采访时说:"在长达800余千米的深山峡谷、雪峰冰川间,一路上都散落着这些飞机碎片。在天气晴朗时,我们完全可以沿着战友坠机碎片的反光飞行,我们给这条撒满战友飞机残骸的山谷取了个金属般冰冷的名字——'铝谷'。"

当年驼峰航线在中国境内有多个机场作为基地,如昆明巫家坝机场、腾冲机场(与今天腾冲驼峰机场不在一处)以及云南驿机场等。

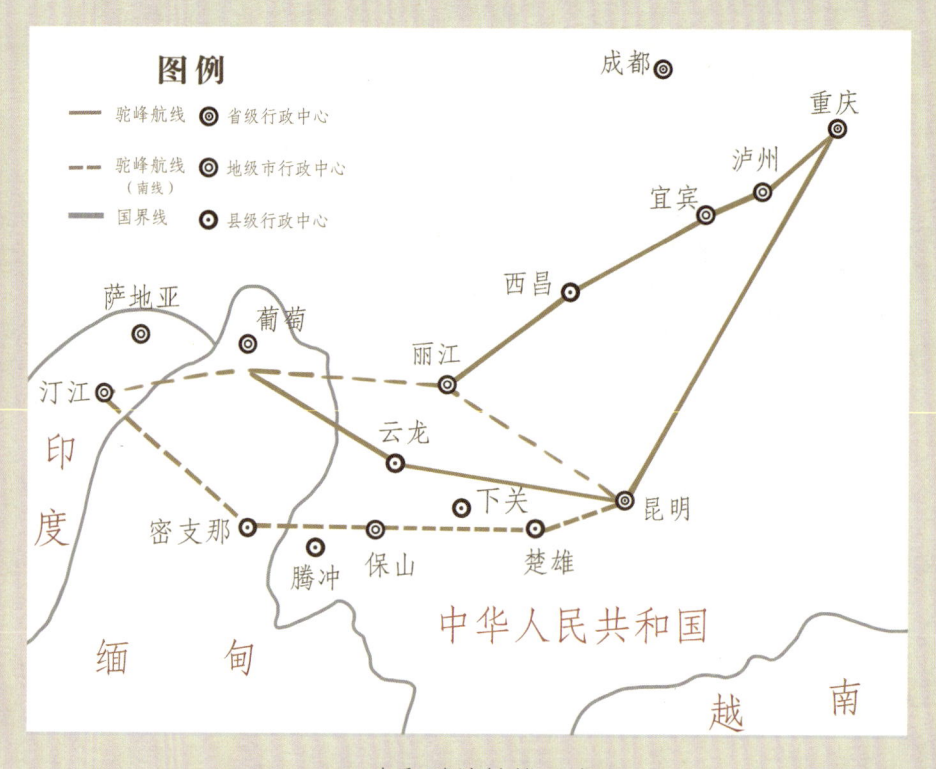

◎ 中印驼峰航线示意图

大理
依山枕海

茶马古道

图例
- 古道沿线城市
- 古道周边景物

迪庆州
香格里拉
玉龙雪山
丽江古城
丽江市
大理三塔
大理州
苍山
洱海
巍山古城
鲁史古镇
普洱市
宁洱
那柯里
思茅
临沧市
勐腊

【地图审图号：GS（2022）3984号】

◆ 苍山洱海一古城

  在我的旅行经历里，让我想回去重游的地方不多，大理是一个。人到大理，就感觉天地变得宽阔，眼睛变得轻松，步伐变慢，连呼吸都更顺畅了。当年我到大理是在岁末，从北京的寒风中逃离，沉浸在大理明澈的天空下，感受舒适的气温，漫步在盛开的早樱花丛中，用"流连忘返"来形容，一点也不为过。

  大家看云南的版图，虽然大理不是早期文明的中心——我们熟悉的滇文化主要分布在滇池地区——但是在古代历史时期，真正建立起国家政权的南诏国和大理国，都是以大理这个地方为统治核心的。可以说这里的确是独占天地精华的地方。

◇ 从苍山上俯瞰大理盆地（近处为大理古城及三塔，远处为洱海）

◇ 航拍苍山洱海大理（视觉中国）

　　一说到大理风光，大家应该马上会想到苍山洱海。一山一湖的确构成了大理当地的基本地理形貌。要理解大理的人文历史，也要先从对地理空间的观察入手。

　　大理这一块的地势，西北高，东南低，正好处于云贵高原与横断山脉结合部。总体上看，这个地区山多平地少。平地也不是平原，而多为依山靠湖的盆地，所以面积都不大，其中最大的一个就是大理古城所在的盆地，也称为"大理坝子"。坝子是西南地区对于山区或者丘陵地带局部平原的称呼。

　　从卫星图上看，大理坝子呈现南北长、东西窄的线形地貌，它是如何形成的呢？

大理坝子的形成，就与苍山洱海有关了。大理这里正位于一条巨大的断裂带上，地层在强烈的抬升过程中形成错断陷落，隆起的地块形成苍山断块山地，陷落地块成为断陷盆地并积水成为洱海。

这种典型的内陆断陷盆地，我们在云南也还能找到其他例子，比如滇池、抚仙湖都属于断陷构造湖。大理坝子如果将平原和洱海都包括在内，面积大约600平方千米，在云南各坝子中排名第三，在大理州和滇西北各坝子中排第一；如果除掉洱海水面则有351平方千米，在云南可以排第八。

◇ 崇圣寺三塔

苍山是大理坝子的西部屏障，全名叫作"点苍山"，因山色苍翠而得名。苍山是云岭山脉南段的主峰，北起洱源县邓川镇，一路向南绵延至大理下关的天生桥，南北长约42千米，东西宽25千米。

苍山有个重要的特点，因为它是断裂山体，所以特别高耸。所谓苍山十九峰，每座山峰的海拔都在3500米以上，最高峰马龙峰达4122米，如此高度，给人的感觉就是在山下望过去觉得特别高，而且山顶长年积雪。

像玉璧一般狭长的洱海，水面面积在250平方千米左右，这个面积放在中国湖泊中是排不到前面的，但是它的蓄水量达到了可观的25.31亿立方米。

◇ 从洱海东岸的双廊小镇眺望苍山

原因在于洱海比较深，它的平均水深 12 米；最深处在湖的东部，达 20.7 米。这是高原构造断陷湖泊的一大特点，就是水面面积可能不大，但深度往往超乎想象。

我们知道中国有五大淡水湖之说，它们都在中东部平原上，主要在长江流域，但是平原湖泊普遍很浅。长三角地区最大的湖泊——太湖，面积 2445 平方千米，差不多是洱海的 10 倍，但平均水深还不到 2 米，蓄水量 44.3 亿立方米，只是洱海的 1.5 倍。所以比较湖泊的大小，不能只看面积，还要看深度。

洱海的情况还不算突出，云南最深的湖是抚仙湖，它的水域面积只有 211 平方千米，但平均水深约 89.6 米，最大水深约 155 米，蓄水量 189 亿立方米，相当于 4 个太湖，占云南九大高原湖泊总蓄水量的 68.8%。

洱海的南、西、北三面是受河流冲积形成的平原，东岸比较曲折多弯，平地较少。最大一块平地是在洱海西岸，也就是洱海和苍山之间。这样一种背山面水的地形，使得盆地里有着"夏不甚暑，冬不甚寒，四时略等"的气候条件，从苍山上流出的十八条溪，冲积出了苍山洱海之间这小块平原，形成了相对肥沃的土地，利于人类生存。除了大理古城外，洱海西岸还有喜洲一类的大市镇分布。

游览苍山，有一条沿着东坡半山腰开辟的玉带云游路，全长有 16.2 千米，很平很好走，走在上面视野非常开阔，可以随时俯瞰整个大理坝子，可以很好地理解大理地形。

隔着层层挺拔的冷杉，从苍山玉带云游路看下去，绵长的洱海静如玉璧，沉如明眸，倒映着冬季云南的晴空，蓝得炫目。大理古城雄峙洱海西侧，十字大街布局和四个城楼在高处看得分外清晰，左侧翠绿掩映中，三塔亭亭，恰似点睛。视线的最远处，在海与山之间的狭长地带，隐约雾气中，看得见一团团的白色房宇，那便是洱海东岸的小聚落。

◆ 风花雪月　大理四绝

我们平时一听到"风花雪月"这个词，都会想到一些浪漫的事，它是一个形容词，是一种不言而喻的意象。但在大理，"风花雪月"是名词，"风""花""雪""月"分别指向四个具体的时令景观，被誉为"大理四绝"。

徐霞客在大理时，就听到这样的说法，在游记里写到："榆城（即大理）有风花雪月四大景，下关风，上关花，苍山雪，洱海月。"它们分别是怎么一回事呢？让我来一一解读。

先说"风"。风指的是"下关风"，下关是现在大理州政府驻地，也就是大理市所在。

哪里都会刮风，为何下关的风会被着重提出呢？因为这里的风确实大得离谱，可以说是终年不停歇，有时候春天却能听到北方冬天的呼啸之声，多年平均风速 4.2 米/秒。更奇特的是，从下关到大理的公路两旁的行道树几乎都存在西侧枝干偏少的现象，这又是为什么呢？

"下关风"源于这里特殊的地形环境。下关的北面是洱海，

◇ 大理古城

而西边是像屏障一样高大的苍山，挡住了大气环流，只有苍山南端的斜阳峰与更靠南的哀牢山者摩岭之间有一道狭长的深谷，而下关正位于山谷的出口。

大理地区冬春季节多刮西风，夏秋则处于印度洋西南季风的影响范围，所以风向始终自西向东，通过长长的山谷形成狭管效应，使得气流流线密集，风速加大，一出山口后，直扑下关。

下关风虽大，但它"风高不寒，无沙无尘"，对调节大理地区的小气候也起到重要作用。

"风"吹下关，而"花"开上关。大理气候温和湿润，"冬止于凉，暑止于温"，最宜于花木生长，所以大理人自古就爱种花、养花。上关位于大理盆地的北端，今天到那里能看到如地毯般铺满大地的各类鲜花。

不过，历史上就很有名的"上关花"并不是上关地区各种花木的泛称，而是确指一种奇花。徐霞客当年就曾来考察过，看到一种高临深岸的植物，当时花已凋零，只看到树干和叶子，他听当地人说这种花为黄白色，大如莲，"开时香闻远甚"，有"十里香"的美誉，更神奇的是，平年花开十二瓣，到了闰年则会开十三花瓣。经过考察，徐霞客推断所谓上关花可能是木莲花之类，但也只是一种推测。多少年来，"上关花"就是这样朦朦胧胧，影影绰绰，到底是什么花，现在依然没有定论。

"苍山雪"刚才已经讲过，在北纬25度的地方是很难看到积雪的，但苍山雪不仅经冬不消，到了阳春三月，雪线以上仍是银装素裹。而最高峰马龙峰的积雪更是终年不化，即便盛夏时节，山间的浓绿与山顶的洁白，构成奇妙的对比。只是现在随着全球气候变暖，不能随时看到苍山雪了。

最容易欣赏的是"洱海月"。

过去八月十五日的中秋晚上，居住在洱海边的人家都要把木船划到洱海中，欣赏倒映在海中的一轮满月。我去大理的那年赶上了月色，记得当时有一晚住在洱海东岸的小镇双廊，恰近农历十五，银盘一般完美的"洱海月"从东边慢慢升起来，一片低云相伴。月往天上走，透过云层筛下冷光，泻在洱海中，一池碎银，远处的苍山也露出一派崔嵬的轮廓，悠长如屏。

倚山枕海，一夜清梦，这就是我对于大理风光的感受和怀念。

◆ 大理的交通网络

从传统交通路线上看，至少有三条重要的西南地区大动脉在大理交会。

一条是从东边的昆明、楚雄过来，可以看作从四川那边伸过来的"五尺道"的延续。这条道是秦朝的国家工程，从四川宜宾，穿过蜀南山区和滇北昭通到达昆明。人们认为这条道路是秦国的蜀郡太守李冰采用积薪烧石的方法开通的。因路宽五尺，所以称为"五尺道"。这条路从宜宾往北，沿着岷江水路可以深入四川盆地的腹地，到乐山、成都。

第二条道路也是从四川那边过来，也可以看作从成都出发沟通川滇两地的交通线。因为这条路在出成都平原后，会经过一个重要的关隘"灵关"（位于今四川省雅安市宝兴县南），因而被称为"灵关道"。

"灵关道"经过雅安，在汉源南渡过大渡河，然后进入安宁河平原，即凉山彝族自治州首府西昌；再经盐源县在今天的攀枝花一带进入云南；再经大姚县、祥云县到达大理。

如此，这两条川滇之间的干线就在大理交会，然后继续向西南延伸；经永平、保山到"极地边城"腾冲后出境进入缅甸，路上要跨过澜沧江和怒江，还要翻越高黎贡山。这条道路在历

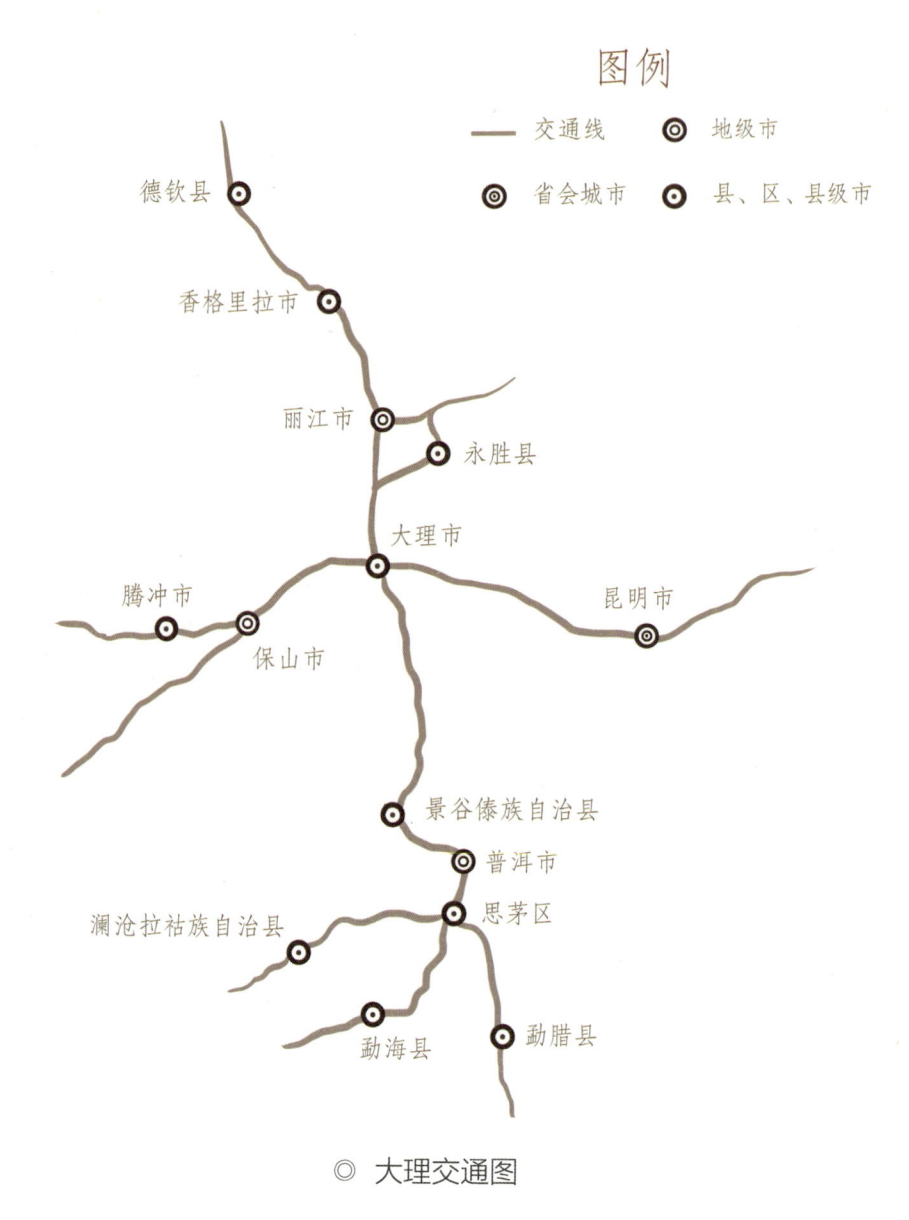

图例
—— 交通线　　◎ 地级市
◎ 省会城市　　◎ 县、区、县级市

德钦县

香格里拉市

丽江市
永胜县

大理市

腾冲市
保山市
昆明市

景谷傣族自治县

普洱市
澜沧拉祜族自治县
思茅区

勐海县　勐腊县

◎ 大理交通图

史上被称为"永昌道"。

以上这几条道路就构成了所谓"西南丝绸之路"的主干网络，也有人称其为"蜀—身毒道"。这些道路在汉代已经建设完成，是汉帝国中央政府控制西南地区，连接南亚次大陆的重要举措。

再有一条路线就是本书的主角"茶马古道"。它从南边的普洱、临沧过来后，通过大理再往北，就进入滇西北也就是横断山区腹地，经丽江到达藏族聚居区。

得益于发达的道路交通网，大理盆地孕育出发达的古代文化，最后建立起了南诏、大理这样可以称为国家的地方政权。

◆ 下关是个什么关？

相对于稳居大理盆地内部的大理古城来说，以"下关风"出名的下关，位于盆地南边的口子上，扼守着苍山与洱海间狭长地段的路口，在大的交通方面位置更为重要。各个不同方向来的古道，主要也在下关一带会合。

今天的交通格局仍然如此，从昆明去往腾冲、怒江傈僳族自治州、丽江、迪庆藏族自治州等地的陆路交通，包括高速都会经过下关；抗战时著名的滇缅公路也从下关走；大理火车站也设在下关。下关是滇西的交通枢纽，也是大理白族自治州首府，县级市大理市政府驻地。现行政区划，下关被称为"下关镇"，而大理古城所在称为"大理镇"。

边塞古道：雪山连大漠

如此重要的地点，古人不可能不注意，大家看"下关"这个地名，就是古代的一处关隘啊！南诏时期，此处已经设关，作为都城屏障。

现在下关这里还有古城的遗存吗？还真有，就在今天的下关城区。

大家可以在地图上搜"龙尾关"或"龙尾城"的地名，就会发现这个地点。它位于西洱河北岸，苍山最南的一座山峰——

◇ 洱海风光（视觉中国）

斜阳峰南坡以东。

这里就是从南诏国王阁罗凤时期始建的龙尾城所在。南诏人认为狭长的苍山像一条龙，龙头在北，龙尾在南。所以在大理盆地的北口设置了"龙首关"，南口设置了"龙尾关"，又分别俗称为"上关"和"下关"，设想两个关隘一闭，大理盆地便安全无虞。

南诏以后，龙尾关依然非常重要。宋代大理国时期，依然是国都门户。明代初年，大将沐英等率领明军进入云南，在云南对元军的最后一战就是在大理打的。当时元军据守下关，明军攻克此关后迅速占领了大理。

龙尾城也有城墙。根据留下来的遗存判断，应是从斜阳峰尽头的山崖起，沿着西洱河北岸修筑了一道大致东西走向的长约3千米的土城墙，根据我看的资料，至少20世纪80年代还有比较明显的城墙遗存，城墙以北有几个居民点，并且在西洱河桥口北岸建了一座关隘性质的小城堡，城门向南，这就是狭义上的龙尾城。

今天龙尾城遗址就是下关的老城区，因为城内多种槐树，也叫"槐城"。目前能看到一座保存较好的古城楼，底座是由青砖砌筑，这是明清之际龙尾城内城的北门寿康楼。楼下的龙尾街就是条老街，这里基本没有游客，可以走走。

龙尾关南边的天然护城河是西洱河，这是洱海的出水口。按照《蛮书》的记载，出了城门，过西洱河上的桥，桥南的路口就分为通向东、南、西三个方向的大路。依山傍河，坐镇路口，我们马上可以理解设置这座关隘的重要意义了。

西洱河流经下关城区，在下关城区西郊，有一处叫作天生桥的地方。它是西洱河的峡谷入口，一边是苍山斜阳峰，一边是哀牢山系，过去龙尾关的城墙西边就延伸到此。

所谓天生桥就是卡在峡谷之中的巨石，由于长年累月的冲刷，下部崩塌，形成一个出水孔洞。因为出水口和峡谷有落差，过去河水就在此跌落倾泻，一路奔腾流向漾濞江，然后再流入澜沧江，最终流入大海。现在看不到瀑布一般的水流气势了，因为20世纪70年代，西洱河上游修了水电站，但到此还是可以感受到山川地形。另外，天生桥边上一块大岩石上有一座近来重建的小庙——江风寺。因为这里是峡口，常年风大，当地人建庙供奉风，大家可以到此感受一下"下关风"。

今天的下关是座现代化城市，可看的东西不算多，可以看看城区的大理州博物馆，对大理的历史会有总体上的把握。

南诏古国与大理遗迹

南诏的兴起

在大理探寻历史，就不能不说"南诏"，这是唐代云南境内的一个地方政权。

南诏兴起的背景是7世纪前期，唐朝与吐蕃两大势力在洱海一带反复较量，双方都曾将洱海地区的各个族群置于自己的控制范围内。但对唐朝来说，由于势力不够深入而收效甚微。在这种情况下，为了遏制吐蕃的南侵，唐朝选择了南诏作为抵御吐蕃的力量。

南诏最初兴起于今天云南巍山县境内蒙舍川，称为蒙舍诏，"诏"就是实力较强的部落联盟。隋末唐初，云南境内共有六个这样的部落联盟，合称为"六诏"。在地理方位上，蒙舍诏位于最南，故又被称为"南诏"。唐贞观二十三年（公元649年），细奴逻成为蒙舍诏的诏王，在唐与吐蕃的对峙中，其他五诏摇摆不定，而南诏始终站在唐朝一方。

在唐朝的支持下，南诏开始对其他五诏用兵，到了唐玄宗时候，南诏首领皮逻阁被唐朝封为云南王，逐步吞并五诏，最终统一了云南地区。

从这一时期起，南诏的统治中心已经从南边的蒙舍川迁移到大理盆地。大理的太和城遗址、羊苴咩城遗址、南诏德化碑、崇圣寺三塔中的主塔以及剑川县的石钟山石窟、弥渡县的南诏铁柱都是现存的南诏时期著名古迹。

太和城与"南诏德化碑"

南诏是大理历史上第一个国家政权,它的前期国都太和城就位于大理盆地,但并不在今天的大理古城那里,而是更靠南,在大理古城和下关城区之间,如果大家去寻找的话,记住太和村这个地名。

太和城和大理古城不同,它不位于苍山洱海之间的平地上,而是更靠西,建造在苍山的东坡上,"太和"中的"和"字在当地语中就是山坡的意思。

根据唐代的《蛮书》记载,太和城一带原为"洱河蛮"所居,唐开元二十五年(公元737年),蒙舍诏的首领皮逻阁击败了河蛮,把统治中心从南边的巍山迁到了这里,太和城也就成为南诏政权建立后的第一座都城。

直到唐大历十四年(公元779年),南诏迁都到靠北边的羊苴咩城,也就是今天大理古城一带,太和城才结束了四十多年的国都历史。到了元代以后,此城逐渐废弃。

1938年,苍洱古迹调查团进行了初步的调查;1961年太和城遗址被评为第一批全国重点文物保护单位;1964年开始,云南省文物工作队对太和城遗址开始进行调查、测量,此后也有发掘。

太和城建在苍山山坡上,西窄东宽,南北城墙均由山麓向东延伸到洱海边。20世纪80年代南墙还存3350米,北墙存3225米,最高处约达3米,全部垒土夯筑而成。可惜由于受到苍山溪流的冲刷,地面已无明显的建筑遗迹,如果不是专业人士或是深度的历史爱好者,去了大概也看不出什么名堂。

太和村中有一块南诏石碑却历经1200多年时光保存下来,这块

古道 传奇

碑当年就立在南诏城内，称为"南诏德化碑"。高 3.9 米，立于 765 — 766 年间，书体在行、楷之间，碑文赞扬南诏国王阁罗凤的业绩以及南诏与唐朝的关系，可以说记载了南诏政权建立之初的一系列重要史实，是研究南诏历史的第一手资料，也可以说是今天大理一带历史最为悠久的古迹了。现在此地修建了一个碑园，值得大家顺道来看一下。

羊苴咩城与"两塔一碑"

公元 779 年，南诏国把都城从太和城迁到北面几千米处的羊苴咩城。这座城之前也是河蛮所居之地，南诏进行了改扩建，作为新都。此后直至南诏灭亡的 163 年里，这座城一直是南诏的政治中心。五代时期继起的几个政权，以及宋代的段氏大理国，都以此为都城。元灭大理后，羊苴咩城虽然不再作为都城，但元代的"大理路军民总管府"设在城内，一直到元末都是大理盆地的中心所在。

羊苴咩城留下的城市遗存很少，城市格局就很不清楚。它的大致范围在苍山中和峰下，也就是大理古城以西的缓坡上。目前只发现了北城墙，在中和峰以北的梅溪南岸一线，能看到断断续续的城墙。这些城墙就地取材，利用石块和土垒砌筑夯实而成。早年的调查发现，较高的墙体高出地表约 2 米。

作为延续近 600 年的区域中心，除了城墙残迹，羊苴咩城在地表还留下弥足珍贵的"两塔一碑"。实际上，两塔是四座塔，而分在两处。

一处是大理的标志性景观——崇圣寺三塔。大家一定在照片和视频里看到过它们的身影吧，以如屏的苍山为背景，三座白色的古塔体态修长，亭亭玉立。它们的前方是一个池塘，倒映出靓丽的身影。再

◇ 崇圣寺三塔（邱湘敏/摄）

往前走，洱海是更大的一面镜子。

崇圣寺建于9世纪中叶的南诏统治时期，可以说是千年古刹了，当时就属于羊苴咩城范围。崇圣寺所崇之"圣"为观音，当时大理地区观音崇拜极为流行。到了特别崇信佛教的大理时期，崇圣寺更是地位尊隆，成为国寺。大理国先后有九位皇帝在崇圣寺出家，在《天龙八部》里，金庸花了很大笔墨描写的天龙寺，其原型便是崇圣寺。

历经一千多年的沧桑变迁，崇圣寺的古迹只剩下三座佛塔，长期是有塔无寺。直到2004年，大理市政府斥资1.82亿元人民币重建寺院，才结束了这一情况。这三座塔中，大塔叫"千寻塔"，先建；南北小塔后建。

千寻塔高近70米，共有十六层，是国内首屈一指的高塔，结构上是方形密檐式空心砖塔，塔内设有木质楼梯，塔身下方有非常高大的基座。其中东面正中的石照壁上有黔国公沐英后裔沐世阶所题"永镇山川"四字。

南北小塔形制一样，高42.4米，均为十层，是八角形密檐式空心砖塔，五代大理国时期所建。把它们放在一起欣赏，就能看到中国传统佛塔从中古的四面方形塔到宋以后的八角形塔的转变历程。

1978年，文物部门在古建维修时，于千寻塔基座中发现南诏、大理时期的佛教文物600余件。其中有一件"银鎏金嵌珠金翅鸟立像"，当年立于塔顶，寄望镇水患。它取材于佛教天龙八部之一的迦楼罗，源于印度神话，是一种巨型神鸟，专门以龙为食。它的形象传入中国以后，和传统的鲲鹏形象结合在一起，这就产生了我们熟悉的"大鹏金翅鸟"。

◇ 大鹏金翅鸟（视觉中国）

古道传奇

看过央视《国家宝藏》第二季"云南博物馆"这一期的朋友估计有印象，这只金翅鸟是当时云南省博物馆选出的三件国宝之一，它是大理国时期佛教艺术和云南传统金银工艺完美结合的艺术品。如果你去过大理旅游的话，那就更不会陌生了，在崇圣寺三塔的门前广场，大理市的公园和一些建筑上都能看到它的影子，它成为大理的"吉祥物"。

除了三塔，大理还有另外一座塔，长得和千寻塔比较像，也是白色的十六层四面方形空心砖塔，高43.87米。这座塔叫"弘圣寺塔"，建于大理国时期，位于大理古城西南的苍山山麓，距离古城很近，在古城的很多角落抬头都能看到它俏丽的身影。相比三塔显得形单影只，所以当地人称其为"一塔"或"一塔寺"。

说完了两处塔，再来说一座碑。这块碑就位于崇圣寺和一塔寺之间，叫"元世祖平云南碑"。碑通高5.35米，下面有龟趺，上面有碑额，原先有1300字，现在还存1000余字。碑立于元成宗大德八年（1304年），当时云南行省平章政事也速答儿上表议立此碑，得到成宗批准后所立。碑文上半部分着重叙述元世祖讨平云南的事迹，下半部分旨在歌颂世祖的功德，撰文者是当时的翰林程文海。

和"南诏德化碑"一样，现在围着"元世祖平云南碑"也建了碑园，位置在大理古城外的三月街上，三月街的集市是白族人重要的节庆活动。那么从历史上看，这里应该是羊苴咩城城内。碑正面朝东，背依苍山，面朝洱海。

大理古城

明洪武十五年（1382年），明军攻占大理，大理路改为大理府，在羊苴咩城以东更平也更靠洱海的地方修筑新的府城（新府城城西的一部分可能与羊苴咩城东部重合），这就是每个去大理旅游的人都会去的大理古城，还有城墙、城门、城楼，街道方正的老城，虽然有一些是后来重建的。

明清时期，大理城是府、县所在。1953年，大理专署由大理县迁驻下关，后来大理古城又从县降为镇，成为县级大理市下辖的大理镇。

目前所见的大理古城东西宽约1千米，南北长约2千米，四面城墙上各有一座城门。南门是主要城门，上嵌出自郭沫若手笔的"大理"二字。整个古城是个棋盘格局，南北城门对称，而东西城门相错。城内街道纵横交错，南北有三条街，东西有六条街，构成了大理城的主要道路格局。南门内复兴路上的五华楼，历史可以追溯到南诏时期。城内还有相当数量的衙署庙宇建筑和民居，比较重要的像大理天主堂、文庙、清云南提督府（杜文秀元帅府）等。

去过大理的人可能会有这样的感觉，那就是古城已经非常商业化了，街头是一堆一堆的旅游团，也不乏酒吧街这样的地方。但我觉得大理的节奏没有被带走，还是很从容，只要往小巷子里一拐，还是能看到非常令人心动的日常景象。许多街道的路边都有水渠，潺潺的流水来自苍山上的溪流。大理居民很爱生活，就用这山泉水养花。大理的街头巷尾到处可以看到花木扶疏的景象。种得比较多的花有路边的早樱，还有热烈的三角梅和炮仗花，以及大理人尤其喜爱的山茶花和曼陀罗花。

◆ 世外桃源喜洲镇

抗战期间，作家老舍寓居昆明，曾经在云南境内进行了游历，这段经历记录在他的著名游记《滇行短记》中，其中涉及大理的内容不少。我第一次去大理前就读过，那时觉得很好奇，老舍对下关、大理古城以及苍山洱海评价都不太高，但极力推介一个叫作喜洲的镇，且看他是怎么说的：

由下关到大理是三十里，由大理到喜洲镇还有四十五里。看苍山，以在大理为宜；可是喜洲镇有我们的朋友，所以决定先到那里去。我们雇了两乘滑竿。

……

喜洲镇却是个奇迹。我想不起，在国内什么偏僻的地方，见过这么体面的市镇，远远的就看见几所楼房，孤立在镇外，看样子必是一所大学校。

……

进到镇里，仿佛是到了英国的剑桥，街旁到处流着活水；一出门，便可以洗菜洗衣，而污浊立刻随流而逝。街道很整齐，商店很多。有图书馆，馆前立着大理石的牌坊，字是贴金的！有警察局。有像王宫似的深宅大院，都是雕梁画柱。有许多祠堂，也都金碧辉煌。

不到一里，便是洱海。不到五六里便是高山。山水之间有这样的一个镇市，真是世外桃源啊！

老舍用"奇迹",用"世外桃源",可以说把各种美好的词毫不吝啬地给予了喜洲。那么喜洲镇在哪里?到底是个怎么样的地方?今天的喜洲和老舍所见有怎样的异同呢?

喜洲在大理古城以北 18 千米处,洱海的西北岸。处于穿越大理盆地的南北交通线滇藏公路上,东边距离洱海不过 1 千米的路程,是大理盆地北部最大的市镇,也是历史风貌保存最好的地方。

说到喜洲,很多去过的人都会想到在那里体验过的"三道茶"表演。这座小镇当地居民数量依然很多,市井氛围还是很浓。如果有耐心,还能在百余座深宅大院里寻找到属于喜洲辉煌的过去。

喜洲早在河蛮时期就是大理地区的重镇,到了南诏、大理国时期更为重要。清末民国时期,喜洲经济发展迅速,财富的聚集使得喜洲出现了许多名门望族,也出现了像赵家院、严家院、杨家院、董家院这样的豪宅大院。

喜洲保存着大理数量最多也是最好的传统民居建筑群。从布局上看,这些院落都是典型的"三坊一照壁"和"四合五天井"的大理传统庭院格局。

所谓"三坊一照壁"中的"坊",就是房子的意思。这种院落三面有房,都是三间两层,在正房三间的两侧还有两间小的"漏角屋",各带一个小天井,而院子南边的一面不是房子,而是照壁,也就是墙。这堵照墙有非常飞扬的檐角,和院子的大门楼一样,会施以砖雕,也会上彩画,而大理民居外墙整体色调以白色为主,非常清爽、雅致、干净,配上砖雕和彩画,又显得很活泼。"三坊一照壁"就是大理传统民居最基本的形式。

"四合五天井"是去掉了正房所对的照壁,取而代之的也是一坊,也就是三间下房,这样就围合成了一个四面都有房的四合院;"五天井"是因为除了院子中间的大天井和正房两侧的小天井外,由于照壁的位置改成了下房,相应地在下房两侧就增加了两个漏角小天井,故名"四合五天井"。这些民居样式,

◇ 喜洲古镇（视觉中国）

大家在喜洲都能看个够，而且当地许多民居照壁上还题有代表家族地位或是家风的文字。

具有悠久历史的喜洲是白族聚居地，大理州就是白族自治州。我们在大理经常能看到有些女性的长发盘起，头戴彩色绣花头巾，一侧还垂下雪白的长穗子，这种头饰是最为典型的白族服饰，看过老电影《五朵金花》的人一定也有深刻的印象。

但是要说明的是，白族可不是历史名称，我们可以说南诏国、大理国的主要群体是白族的先民，但不可以图省事说段誉是白族人，因为历史上任何族群都不是铁板一块，都处在不断变动之中，很难以一些固定的标准来进行划分，实际上有些边界是很模糊的。

实际上，白族这个名字是1956年民族普查时才确定下来的，以此作为统一族称。白族是西南地区文化属性比较接近汉族的群体。

◆ 大理北大门——剑川

我们在大理坝子停留得太久了，现在我们离开大理坝子，往北前往滇西北地区，先经过洱源县，再到剑川县。

我第一次知道剑川是小时候看的电影《五朵金花》，男主人公阿鹏就是"剑川来的小伙子"，剑川是大理州的北大门。

剑川最有名的古迹是县城西南25千米处的石钟山石窟，也叫剑川石窟。中国南方石窟并不多，而云南境内规模最大的石窟就是石钟山石窟。

虽说石钟山石窟以规模大著称,但实际上只有洞窟 16 座,造像 139 尊,而且分散在石钟寺、狮子关、沙登村三区,和龙门、云冈、莫高窟这些北方大型石窟没法比。它始凿于南诏国王劝丰祐时代,至大理国中期,也就是从 8 世纪中叶到 11 世纪末,持续了 4 个多世纪。如果大家对于研究唐宋时期云南地方政权的佛教信仰和艺术成就有兴趣,这里是不可错过的。值得一提的是,这里有三个窟有南诏王及后妃的造像。这种将祖先帝王作为供奉对象的现象,让我们很自然地想起白族文化中的本主

◇ 云南石钟山石窟(视觉中国)

崇拜，可以说很是别致。

石钟山石窟所在的区域叫石宝山，这座山位于县城西南25千米处，是红色砂岩，山上有许多球状风化石。

◆ 古意犹存的沙溪小镇

石宝山的南面有一个小盆地，坐落着茶马古道上一个旧貌犹存的古镇——沙溪。

沙溪小盆地南北长，东西窄，拜地理条件所赐，坝子里土地肥沃，物产丰富。历史上一直是剑川一带的粮食生产基地，在茶马古道上就成为一个重要的补给站和市集所在，曾是茶叶、药材、盐和纺织品交易的重镇。

很多到过沙溪的朋友都很喜欢这里，没有太多的游客，商业氛围比起大理古城、丽江和束河来说要淡得多。我有个朋友曾在云南各地旅行，最后选择在沙溪做了挺长一段时间的义工，她说沙溪的氛围让人感到亲切。

沙溪古镇的格局到今天也还是很完整，古建筑的数量也很可观。因为取代茶马古道路线的现代交通并没有经过沙溪，连接大理和滇西北地区的公路交通干线214国道和后来建的大丽高速，都在沙溪以东十几千米的地方，中间隔着山，经过沙溪的公路只是县道。这就让沙溪在某种程度上成为那种被遗忘的角落，城镇面貌更新缓慢。沙溪的一些原住民已经迁出了古镇，如果是冬天去的话，可能会觉得比较冷清萧条，镇上可以住的客栈也不多。

沙溪是白族聚居地，整个镇区位于澜沧江的一级支流黑潓江的西岸，目前保留东、南、北三处寨门。如果是从东南方向沿着茶马古道进入沙溪，就要从东向西跨过黑潓江。江上有一座造型优美的单孔石拱桥——玉津桥，采用沙溪本地石材建造。

沙溪镇上的主要道路连接三个寨门和古镇的中心区域寺登街，北寨门和南寨门通往寺登街的街道分别叫北古宗巷和南古宗巷。在白族语言中"古宗"就是藏族聚居区的意思。我们不难猜出，这两条街过去曾是藏族马帮经常要走的路线。当时的马帮的客栈和交易场所就集中在这两条街上。今天在寺登街附

◇ 云南省剑川沙溪小景（毛怡／摄）

近还留有李家、赵家、欧阳家的马店，一般住店的只是头头，叫作马锅头，而一般的赶马伙计就在外面打地铺睡觉。

　　古镇以寺登街为中心，"寺登"在白族语言中是"佛寺坐落的地方"，街中心是一个四方形广场，整个用不规整的红砂岩石板铺地。这是沙溪的活动中心，过去茶马古道贸易畅通的时候，商贸活动主要也在这里进行，可以想见当时是多么繁华热闹。

　　广场西侧就是佛寺所在，叫作"兴教寺"，始建于明代永乐年间，是目前很少见的白族佛教阿吒力教寺院。阿吒力教是密宗的一支，大概在唐代传入云南，是历史上南诏与大理国占

◇ 云南省剑川沙溪小景（毛怡／摄）

统治地位的宗教，曾经在大理地区风行一时，到了元、明就逐渐衰落了。这座兴教寺有三进院落，山门前一对哼哈二将塑像高大威猛，非常引人注目。兴教寺从山门到大殿都在一条中轴线上，都是重檐楼阁建筑。寺内的大雄宝殿非常挺拔，外墙还

留有明代画家张宝绘制的 20 余幅精美壁画,内容上融佛教故事与世俗生活于一体。

与寺院正对的是一座造型别致的古戏台,这是沙溪的标志性建筑,建于清嘉庆年间,是一座三层楼阁式建筑,戏台的飞

◇ 云南剑川沙溪古镇(视觉中国)

檐翘角非常醒目，在一片相对低矮的建筑中显得活泼甚至张扬，让人想起《诗经》形容建筑屋顶的诗句"如鸟斯革，如翚斯飞"。它的身影经常出现在各种宣传资料中，前景是戏台前的一棵大树，搭配在一起很古朴。建筑的底层是商铺，中层是戏台，上层则用来供奉魁星。严格说起来，这栋建筑应该叫魁星阁，而戏台是伸出去的附属设置。

每到节日，就是这里最热闹的时候，戏台上载歌载舞，四方街上也人头攒动。沙溪最重要的节日是每年农历二月初八的"太子会"，这位"太子"就是未成佛时的释迦牟尼。每年这一天，沙溪人都会起得很早，把门前打扫干净，在大门两边点起高香，等待迎接太子和佛母的到来。这是属于沙溪的热闹的游神活动。

说到宗教信仰，沙溪是多元的，刚才提到有来自华夏文明、儒家文化的魁星阁，有具有云南本地特色的佛教寺院，当然也不会缺少白族最重要的本土信仰——本主庙。

本主信仰是白族特有的，可以说是一种古老的宗教信仰形态，差不多就是相信万物有灵。所谓本主就是本境福主，掌管本地区居民的生死祸福。这个角色在白族各地都不同，或者来自于祖先，或者来自于英雄，和汉族地区各种地方神差不多。所以只要是白族聚居的城镇和村寨，一定会有本主庙，成为当地居民的精神寄托。沙溪的本主庙在镇子的东边。

丽江
雪山古城

◇ 丽江古城

离开剑川，我们的行程就告别大理州，进入丽江市。

◆ 雪山融水四方街

丽江是美的，塑造这座城市的力量是玉龙雪山。

大家行走在丽江城里，随便找个高处——可能是一间餐厅的露天桌，也可以是某家客栈的窗台，向北望出去就能看到白雪皑皑的玉龙雪山，那是丽江自然风光的最高峰，是纳西人的神山。

从地理上看，玉龙雪山是横断山系云岭山脉的主峰。可能看过西藏雪山的人，会觉得玉龙不够雄伟。这不假，玉龙雪山最高点扇子陡海拔只有5596米，而丽江古城海拔已经有2500

◇ 玉龙雪山

米了,相对高度有限。但是我更关注的是这座雪山对于人类生存的意义,可以非常简练地说,玉龙雪山的雪融水浇灌出了富饶的丽江坝子,是生命之源。

大家行走在古城里,肯定注意到了有不少穿城而过的河流,许多街巷都贴着河流,许多建筑都临水,水渗入了丽江每一户人家,我都想把丽江也称为水城了。

丽江和苏州那样的江南水乡不同。江南因为地处平原,河流都非常温柔平静,有的地方都不太能看得到水在流,水质也不太好,我常戏称"小桥不流水"。但丽江不同,古城里的河流虽然都不宽,但隔挺远就能听听哗哗水声。玉龙雪山和古城之间的高度差,使得新鲜的雪融水到这里依然还是奔流的姿态,而且清澈见底。我记得那些河里能看到一群群的游鱼,使得丽

江有一股灵气，也可以说有一股野性。

水对于丽江的滋润还有一件十分有趣的事情，那就是"洗街"。

我曾经在央视拍的纪录片《再说长江》的镜头里看到"洗街"，到现在记得还很清楚。第四集《金沙流韵》的一开头，有人拔开丽江古城石板路上的水阀（石头塞子），由于古城地形西高东低，西河水就自动涌出了地面，冲洗四方街，清洁工便顺着水势扫地。利用天然流水进行城市清洁工作，这在中国是独一无二的。当时给我留下了深刻的印象。那时候我还没去过丽江，就想什么时候去的话，一定想办法去拔塞子。

按照片子里的说法，"洗街"如同古老仪式一般，每天早晨和黄昏都会在四方街上演，使得古城始终干干净净，每天都焕然一新。但后来我去的时候没有看到

◇ 水润丽江城

这样洗街，也没有专门留意水阀的位置。可能由于工作生活方式发生了变化，洗街变成了只有在特殊日子才会上演的仪式了。

◆ 木府的故事

凭借这样的天然资源发展起来的丽江，很早就是滇西北的重镇。狮子山下有一座规模宏大的木府，见证了中华帝制时代后期西南边疆地区独特的统治模式。

"木府"这个词，并不是说这座宏大府邸的建筑是木结构的，而是因为主人姓"木"，这便是明代统治丽江府的木氏家族。

这个家族源远流长，早在宋末元初就成为丽江的地方统治者。他们原本不姓木，到了明代初年，随着明军进入云南，这个家族当地的首领阿甲阿得率众归顺明廷，被明廷授世袭丽江府知府。此后随着大将沐英征战，立下功劳，明太祖朱元璋赐其汉姓"木"，并封其为世袭土知府，这就是木氏土司的由来。整个明代，木氏历代担任土司，世袭统治丽江及周边地区。

直到清初"改土归流"，木氏土司的统治才告终结。

木府是元明清三代木氏土司衙门所在，徐霞客当年形容它"宫室之丽，拟于王室"，规模壮观。1996年丽江大地震，木府建筑遭到严重损坏，目前我们见到的建筑为震后重建。

丽江也是茶马古道上的必经一站，是滇西北的重要商贸中心。

大理坝子北上通往藏族聚居区的路线主要有两条：从上关

开始分岔，一条偏西，走洱源、剑川再到紧邻长江第一湾的石鼓；当丽江成为区域中心之后，偏东的走鹤庆再到丽江的路线就日益重要起来，成为茶马古道的主线。

历史上，丽江位于滇藏两大自成体系的经济区，也是政治和文化区的连接处，丽江安定则茶马古道全线就能繁荣，历史上木氏土司的稳定统治保证了这一点。

丽江古城以南有一个关卡叫作"邱塘关"，这里是丽江的门户，位于今天的观音峡景区里。当年徐霞客受丽江土司木增

◇ 丽江古城（视觉中国）

◇ 丽江古城
（视觉中国）

的邀请，从鹤庆北上前往丽江，途经邱塘关时，徐霞客感觉到这里地势险要，夸赞为"丽江之锁钥也"。他还注意到这里有像官舍那样齐整的房屋，这是土司在邱塘关设置的"查税所"，南下北上的马队都要在此交税。在丽江古城和束河古镇留下的石板路上还有马蹄印，这都是昔日茶马古道的历史见证。

今天，当我们坐在狮子山上，眺望玉龙雪山，俯瞰古城像海浪一样连绵起伏的灰瓦屋顶时，应该意识到这不只是一座简单的古城。丽江还曾连接了一条活跃的商贸交通线。丽江本身的发展，它在历史上取得的荣耀，就是建立在茶马古道畅通，税收有保证，物资也得以集中这样的基础上。

◆ 跨越金沙江 进入青藏高原

出丽江城往西北方向走不了多远，迎面就会遇见长江的上游干流金沙江。在石鼓镇的北面，本来南流的金沙江在此打了一个V字形大湾，因为受到南边高山的阻碍，改向东北方向流去，这处盛景号称"长江第一湾"。《航拍中国》第三季第一集《云南篇》说了一句话，我觉得很有启发："幸好有这个弯，金沙江转而向着北方返回。否则，它很可能像怒江和澜沧江那样，流出国境，远走他乡。"

我们看云南的行政区划的话，丽江市与迪庆藏族自治州正是以金沙江分界的。在经过石鼓镇大转弯后，原来平缓流动的金沙江在玉龙雪山和哈巴雪山的夹持之下突然进入狭窄的峡谷，江水变得桀骜不驯甚至怒不可遏，这段险途就是举世闻名的虎跳峡。

跨过金沙江，进入迪庆州，从地理空间上说抵达了青藏高原的南缘，从人文地理上说这里传统上属于康巴藏族聚居区，茶马古道由此开始在辽阔的青藏高原跋山涉水，蜿蜒伸展。

滇西北的迪庆州包括三个县级行政区，居东的是县级市香格里拉市，它也是迪庆州首府，居西南的维西傈僳族自治县和居西北的德钦县，都邻近澜沧江。

说到香格里拉，大家应该多少都对这个名字有所耳闻，可以说这是个既有普遍性又具有特定指向的名词。说普遍性，大家经常会看到一些广告语会用到这个词，应该也都知道有个高

◇ 玉龙雪山

档酒店品牌叫"香格里拉"吧？说到特定指向，是因为这个词和想象中的世外桃源联系在一起。

这一切都源于英国作家詹姆斯·希尔顿在1933年出版的长篇小说《消失的地平线》。当时正值两次世界大战之间，对于欧洲人来说，工业化带来的负面作用、一战的创伤、经济萧条以及涌动的新的战争阴影，造成了社会普遍的紧张和失落情绪。作者创造的"香格里拉"，是一个远在东方群山峻岭之间的和平宁静之地，是长期以来西方人对于东方想象的产物之一，是心灵的救赎之地，是现代的"挪亚方舟"。这本书出版后轰动一时，很快又被拍成了电影，此后许多人试图到中国的西南

◇ 香格里拉松赞林寺（视觉中国）

地区寻找香格里拉，不难想象，认定的结果也不一样，也不会有正确答案。

不过，2001年国务院批准将迪庆州首府中甸县更名为香格里拉县，后又撤县设市，在官方意义上得到了认证。现在许多人也确实认为雪山、草原、江河环绕的中甸一带最接近书中的人间天堂，但这也可以看作相当于商标注册。另一个值得一提的事件是，在近年大力扶贫努力下，2019年4月30日，云南省人民政府决定香格里拉退出贫困县序列。

香格里拉一带不仅风光壮美，而且确实也留下了相当数量的人文遗迹，仅仅在城区范围，南边有独克宗古城，这是滇、川、藏三地茶马互市的一个中心，在茶马古道上的地位举足轻重；北边则有云南规模最大的藏传佛教寺院松赞林寺，整座寺院依山而建，看上去像雄伟的古堡，它是川滇一带的黄教中心；另外还有建于清代的中甸独克宗藏公堂，是当地藏族祭祀祖先、集会议事和婚丧嫁娶的活动场所。1936年四五月间，中国工农红军第二、六军团长征途中经过中甸县，当时指挥部就设在中甸独克宗藏公堂，并且在此召开了"中甸会议"。

  茶马古道滇藏道从香格里拉再往北，经德钦到芒康，也就是进入西藏，再到昌都，在此与从雅安、川西过来的川藏线会合，然后进入卫藏地区。

  我要讲述的茶马古道故事到此告一段落了，但就像我在第一节所提到的，茶马古道是一个后人总结出的概念。它是中国西南地区为适应山区和高原地形，以马为主要交通工具，以马帮为主要运输组织的民间商贸通道。茶马古道主要连接内地和西藏等藏族聚居区，内地出产的茶叶和藏族聚居区出产的马匹是交易的主要商品，同时前者的盐、布匹和各种日用器皿，后者的药材、毛皮等进行不同程度的交易，互通有无，各取所需。而且，经由西藏，茶马古道还连接南亚、中亚甚至更远的西方，所以又可以将其看作是国际性的商贸交通网，那么它所能勾连起的故事也非常非常多，我的讲述也许只能算开了一个头，挂一漏万，更多的发现，还有待你踏上这些路线，自己去寻找。